DERNIERS CHANTS

PAR

L. ERNEST HAMEL

———•❀•———

PARIS

GARNIER FRÈRES, ÉDITEURS

Rue Richelieu, 10, et Palais-National, 215

—

1851

DERNIERS CHANTS

— PARIS —

IMPRIMÉ PAR J. CLAYE ET Cⁱᵉ

RUE SAINT-BENOIT, 7

DERNIERS
CHANTS

PAR

L. ERNEST HAMEL

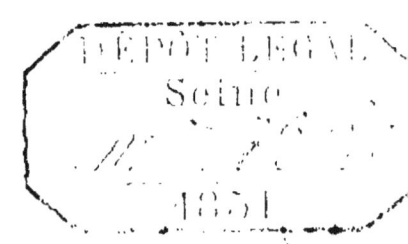

PARIS

GARNIER FRÈRES, ÉDITEURS
RUE RICHELIEU, 10
—

1851

A LA MÉMOIRE

De mon maitre Théodose Burette.

PRÉFACE

« Les dieux s'en vont, » a dit un ancien ; aujourd'hui tout s'en va, la foi qui n'est plus dans les cœurs, la déférence qui n'est plus dans la famille, le respect de la loi qui n'est plus dans la société.

Chose singulière et triste ! Ce pays de France, qui depuis tant de siècles marche comme un flambeau à la tête de la civilisation, qui mieux que tout autre a compris et adopté les réformes réclamées par la justice et l'égalité, est aussi celui où les saines idées de religion, de famille et de gouvernement ont été le plus bouleversées. Comme s'il était nécessaire que tout ici-bas eût son mauvais côté, notre glorieuse et éternelle révolution de Quatre-vingt-neuf, avec les vrais principes posés, une justice meilleure, une administration plus forte et d'impérissables institutions, nous a aussi légué cette décadence et cet affaiblissement dans l'ordre moral. Il semble qu'en même temps qu'elle affranchissait l'esprit humain, qu'elle éclairait le monde d'une lueur soudaine, qu'elle établissait parmi nous un ordre de choses plus conforme à la nature et à la dignité de l'homme et qu'elle effaçait du sol de la patrie les dernières traces de la conquête et de l'asservissement, il semble, dis-je, qu'elle ait aussi, sans le vouloir, ébranlé dans les cœurs ces fondements sur lesquels sont assis le repos et le salut des nations, la piété filiale et cette sorte de crainte religieuse qu'avaient nos pères pour le pouvoir et pour la loi.

Et cependant, jamais peut-être plus qu'aujourd'hui et dans ce pays, la vertu ne fut nécessaire à l'homme. C'est un ressort indispensable dans un État populaire, a écrit Montesquieu [1].

---

1. Esprit des lois, l. III, c. III.

Il faut alors la vertu au père de famille pour enseigner au fils le respect de lui-même et l'obéissance aux lois, pour être son plus tendre et son meilleur ami, son guide, non le compagnon de ses plaisirs et quelquefois de ses débauches.

Maxima debetur puero reverentia,...

s'est écrié Juvénal. Il faut alors au peuple la vertu pour respecter l'autorité qui émane de lui, au législateur pour faire la loi, au chef du pouvoir pour gouverner. Il faut surtout la vertu avec la liberté de la presse dont on peut dire justement ce qu'Ésope disait de la langue : que c'est à la fois ce qu'il y a de meilleur et de pire. De meilleur, parce qu'elle tient constamment en éveil le pays sur ses véritables intérêts, parce que chaque jour elle agite et discute avec fruit les questions qui se rattachent au bien-être de tous, parce que c'est une tribune redoutée où sont aussitôt dénoncés l'arbitraire et la corruption; de pire, parce que c'est un instrument facile et terrible de discorde et de haine, parce que toutes les mauvaises passions s'y font jour, parce que, semblable aux inondations du Nil qui fertilisent et dévastent aussi ses rivages, elle est en même temps une source de fécondation et de calamités. C'est à cause de cette contre-partie qui, à certains moments, penche un peu plus dans la balance de l'opinion, qu'un orateur illustre a dit : La presse, mauvaise denrée; et qu'à l'heure présente, il faut bien le reconnaître, elle est en grande défaveur dans le pays.

Pour quiconque veut ouvrir les yeux, il est évident que la vertu, ce ressort nécessaire de toute démocratie, nous fait entièrement défaut. Non, nous ne possédons ni cet esprit de tolérance, de respect, de désintéressement et de fraternité prescrit par l'Évangile dont il est tant parlé en pure perte aujourd'hui, ni pour la patrie cet aveugle amour des anciens qui faisait tomber sans effort l'intérêt privé devant l'intérêt général.

Je ne veux pas ici faire le procès à mon siècle. Il n'a, Dieu merci! sous le rapport de la gloire et du progrès, rien à envier à ses aînés. Je lui reprocherai même de pécher peut-être par l'excès. Je lui reprocherai surtout d'avoir, avec tant d'abus grâce à lui détruits pour jamais, achevé de déraciner les vieilles et naïves croyances des temps passés, ce frein salutaire aujourd'hui tout à fait brisé, et que la raison humaine, si haute et orgueilleuse qu'elle soit, est impuissante à remplacer.

Je m'étonne fort du perpétuel antagonisme qui règne entre les défenseurs de la religion chrétienne et les soutiens du principe démocratique. Les uns et les autres, par des moyens contraires, veulent, je le suppose, arriver au même but, l'amélioration et le bien-être communs dont souvent, hélas! ils retardent l'avénement par leur précipitation funeste. L'exagération chez les premiers mène à l'inquisition, chez les seconds à Quatre-vingt-treize. Mais la religion n'est pas coupable des forfaits de l'inquisition et des supplices affreux infligés aux Indiens par des prêtres fanatiques, pas plus que la liberté n'est solidaire des massacres de septembre, des crimes de la terreur et des folies sanguinaires de Jourdan Coupe-Tête et de Carrier.

Religion et Liberté ! *éternelles vérités* qui de tout temps ont soulevé le monde, et, mal comprises, ont fait couler à flots le sang des hommes. L'une et l'autre ont eu leurs persécuteurs et leurs martyrs. Leurs bienfaits sont immenses; et si la religion a servi de masque à des Torquemada et à des Jacques Clément, elle a donné au monde Jésus-Christ et Vincent de Paul, comme la liberté a eu ses Sydney et ses Bailly.

Pourquoi donc entre le principe religieux et le principe de liberté cette lutte acharnée qui paralyse leurs efforts, lorsqu'ils pourraient si bien marcher ensemble et travailler de concert au grand œuvre de l'édifice social. L'objet de l'un n'est en effet que le corollaire de l'autre, celui-ci enseigne les droits, celui-là les devoirs. Et si entre les deux principes il y avait un choix à faire, il faudrait sans doute donner la préférence au premier, parce que le devoir passe avant le droit, parce que le droit finit où le devoir commence. Le principe de liberté paraît l'emporter aujourd'hui : peut-être même va-t-il trop loin. Aussi voyons-nous les chefs, les écrivains plus ou moins sincères, plus ou moins sérieux de l'opinion démocratique, dans leurs adresses multipliées au peuple, parler sans cesse de droits, d'égalité, de fraternité, sans dire un mot des devoirs que se contentait de prêcher ce Christ dont ils invoquent le nom en vain.

Ah! comme eux, nous aussi nous chérissons la liberté! Nous nous rappelons toujours qu'à une époque trop vantée depuis et trop décriée, dans notre jeune et patriotique élan nous avons embrassé sa cause et entonné l'*Hosanna* de la victoire. Hélas! toutes nos espérances se sont-elles réalisées? Sur les débris fumants du trône, sur ces monceaux de ruines faites pour légitimer dès le premier jour les protestations, avons-nous vu s'élever ce gouvernement idéal que nous avions rêvé comme Jacob rêvait le ciel?

Certes, cruelles ont été nos déceptions. Nous avons étudié les hommes à l'œuvre et nous avons appris; quelques jours nous ont vieilli de dix ans. Sous d'autres formes nous avons retrouvé les mêmes passions étroites, le même égoïsme, les mêmes ambitions serviles, la même curée des places, la même faim grossière de richesses puisées n'importe où. Nous avons vu les proscrits de la veille, ces grands et généreux patriotes, proscrire à leur tour sans avoir les mêmes raisons, ceux qui n'étaient tombés que pour épargner le sang français; nous avons vu l'injure et la calomnie lâchement prodiguées à une famille qui a emporté dans l'exil la douce consolation de n'avoir pas démérité de la patrie; et voyant toutes ces choses, nous nous sommes demandé si les hommes de la veille ne valaient pas ceux du lendemain.

Quoi qu'il en soit, fidèlement attaché aux principes qui avaient séduit notre jeunesse, en concédant dans notre religieux respect pour toute opinion consciencieuse qu'une monarchie pourrait faire la France grande, libre et heureuse, nous croyons que la forme démocratique de son gouvernement actuel ne lui est pas antipathique, et qu'un jour prochain peut-être la République rassurera et consolidera cette vieille société inquiète et souffrante, mais pleine encore de séve et d'avenir.

Au milieu de cet universel bouleversement dans les choses et dans les idées, qu'est devenue la littérature? Qu'est devenue la poésie? On n'y songe plus guère aujourd'hui. Lorsque la France est comme partagée entre trois ou quatre camps ennemis, lorsque chaque jour les défis et les provocations se croisent de tous côtés, lorsque la patrie en deuil s'achemine à tâtons vers une solution inconnue, comment, ai-je entendu dire, peut-on avoir le courage de s'occuper de poésie? Ah! ce que l'on devrait regretter, c'est que la poésie pure, désintéressée, écho des plus honorables sentiments, faisant appel à tous les nobles instincts de l'homme, se taise, tandis qu'une littérature bâtarde continue ses débordements, tandis que le vaudeville insulte à toutes les opinions et se fait un instrument de haine et de discorde, tandis que le drame et le roman offrent au peuple le spectacle de crimes inconnus aux cours d'assises.

La poésie est une arme, c'est le moment de s'en servir pour défendre les grands intérêts de l'humanité. Virgile et Horace chantaient au milieu de la guerre civile, Corneille eût été bien placé dans notre siècle.

C'est donc avec un sentiment de tristesse profonde que les gens de goût ont pu voir, parmi tant d'illustres poëtes de ce temps, le plus illustre d'entre eux se faire le détracteur de la poésie, la considérer comme un jeu d'esprit, bon au plus à amuser les premières années de la jeunesse, lui qui, sans cette admirable poésie versée à torrent dans d'immortelles créations, végéterait peut-être aujourd'hui perdu dans la foule des hommes politiques de second ordre et des faiseurs de romans médiocres.

N'insistons pas sur ce point. La poésie, comme la royauté jadis, ne meurt pas; le roi est mort, vive le roi ! Un poëte n'est plus, d'autres le remplacent, et la poésie poursuit sa marche triomphale en se transformant parfois, soumise comme les arts et tout le reste, à l'influence des courants qu'elle traverse.

Qu'est-elle aujourd'hui? Nous ne sommes plus au temps des luttes acharnées entre le classique et le romantique, dont les plus fougueux champions ont eu parfois le tort de prendre l'extravagance pour du génie. Il n'y a ni classique ni romantique en littérature; il y a du vrai et du faux, du bon et du mauvais, a dit Nodier. Le génie n'a pas d'école, ou plutôt il est de toutes; il resplendit également dans Othello et dans Iphigénie; la gloire de Shakspeare n'ôte rien à celle de Racine.

Et pourtant cette guerre, à tout prendre, valait mieux que l'indifférence d'aujourd'hui. Il nous manque à cette heure une poésie vraiment originale. Le XVIIe et le XVIIIe siècle, l'Empire, la Restauration et la révolution de Juillet ont eu leurs poëtes, nous appelons de tous nos vœux un poëte qui sache imprimer à la poésie de cette époque une physionomie particulière, un cachet d'originalité.

Les sujets certes ne lui feraient pas défaut. Quel siècle fut jamais plus fécond que le nôtre en événements de toutes sortes? Rien n'y manque. Triomphes incroyables, chutes imprévues; combats pour et contre la liberté; héros antiques moissonnés avant l'âge, Hoche et Marceau, Joubert et Kléber, pour vivre éternellement dans la mémoire des hommes; expéditions lointaines; admirables campagnes de France; l'île d'Elbe et Waterloo, et par-dessus tout l'ombre du grand Empereur couvrant encore le monde.

Dans cette mine inépuisable déjà tant exploitée par la poésie, que de filons restent encore à suivre, que de richesses sont encore enfouies! Ils sont immenses les trésors de gloire que nous avons hérités de nos pères et dont l'éclat rejaillit sur nous tous. Quel est celui de nous, jeunes hommes, dont le grand-père, dans les premiers comme dans les derniers rangs, n'ait pas versé un peu de son sang sur les champs de bataille de la Répu-

PRÉFACE.

blique ou de l'Empire et contribué pour sa part à l'illustration de nos armes?

O souvenirs d'une époque à jamais célèbre! ô jours à jamais mémorables de triomphe et d'espérance, où le bruit des batailles et l'ivresse de la victoire faisaient oublier la liberté perdue! ô saintes joies de la famille, et vous ineffables amours qui brûlez dans les cœurs d'une flamme éternelle comme le feu sur l'autel de Vesta, ne renfermez-vous pas assez d'émotions pour inspirer l'âme du poëte et faire vibrer sa lyre? Qu'importe qu'à ses côtés souffle le vent des révolutions, que des citoyens en délire soient prêts à s'entre-déchirer, et que les partis aux abois, pareils aux Ménades antiques, ne respirent que fureur et vengeance! il saura bien se faire une retraite inaccessible aux passions politiques toujours injustes, toujours mauvaises. Oui, comme l'a dit un charmant poëte:

Nous trouverons toujours dans l'ombre et sur la mousse
Quelque petit sentier, par une pente douce,
Regagnant le sommet d'un coteau séparé,

> D'où l'œil se perd au fond d'un lointain azuré;
> Et nous attendrons là que notre jour arrive,
> Voyant de haut la mer se briser à la rive,
> Et les vaisseaux là-bas palpiter sous le vent.

Il est très-beau, très-utile, nous le savons, de se tenir au courant des grandes questions à l'ordre du jour, de les connaître par soi-même et de prendre sa part des travaux de la patrie; mais on ne peut avoir continuellement sous les yeux la création de l'ordre dans l'humanité par M. Proudhon; et si notre esprit n'est point rebelle à l'étude des sciences économiques et sociales, il aime à se reposer dans la lecture d'un poëte chéri, Horace ou Corneille, Virgile ou Bernardin de Saint-Pierre.

Oh! qui ne possède en soi une poésie intérieure? Qui ne s'est pas élevé quelquefois dans les sphères les plus hautes de l'imagination? Qui n'a pas longtemps poursuivi dans ses rêves quelque œuvre sublime, entrevu quelque chose de puissant comme le génie, de beau comme le ciel, de gracieux comme un sourire de femme? Qui ne s'est pas écrié une fois, avec le Corrége, dans la contemplation des chefs-d'œuvre de l'esprit humain : « *Ed io anche son pittore!* et moi aussi je suis peintre. »? Qui ne s'est pas senti ému en voyant la Vénus de Milo, en écoutant une inspiration de Weber?

La poésie est la musique de l'âme. La musique a sur elle, il est vrai, l'incontestable avantage de s'adresser à un plus grand nombre de personnes; cela tient à ce qu'elle parle aux sens en même temps qu'à l'esprit. Les plus délicieuses symphonies de Mozart et de Beethoven peuvent être perçues par tout le monde parce qu'il y a d'abord une sensation toute matérielle, toute physique, qui pénètre aussitôt l'âme pour la séduire et la transporter; tandis que la poésie, ne s'adressant qu'à l'esprit, rencontre moins de gens pour la comprendre.

Il faut, pour y trouver quelque jouissance, une certaine aptitude, une intelligence un peu plus développée. Dans ces conditions et à certaines heures, toute âme qui souffre, qui aime, qui espère, goûte dans la lecture de son poëte un plaisir infini, parce qu'elle y entend vibrer l'écho de ses douleurs, de ses amours et de ses espérances.

Ajoutons que le but de la poésie n'est pas seulement de charmer par un choix plus ou moins exquis de pensées, par un assemblage plus ou moins harmonieux de mots, elle a de plus une œuvre toute philosophique à remplir. Corriger les hommes, détruire les préjugés, agrandir les idées par le spectacle de ce qui est beau et de ce qui est bien, telle est la mission du poëte.

Ainsi Molière-Poquelin, le fils du tapissier de la cour, frappera rudement sur cette cour dont il a étudié de près les vices ; et Shakspeare, fils d'un pauvre marchand de laines, comme pour répondre à ceux qui persistent à croire à la supériorité, à la prédestination de certaines races, de certaines familles, nous montrera, dans cette terrible scène des fossoyeurs, Hamlet indigné cherchant à distinguer le crâne d'un bouffon et celui d'un grand seigneur.

Grâce à cet apostolat, la poésie ne s'éteindra

qu'avec l'humanité. Si donc, dans un moment de découragement, nous avons donné à ce petit nombre de pièces poétiques recueillies parmi tant de notes semées aux vents suivant l'heure et le caprice, le doute et l'espérance, ce titre : *Derniers Chants;* ce n'est pas que nous désespérions de la poésie ; elle peut sommeiller aujourd'hui, elle se réveillera demain plus éclatante. Nos grands poëtes se taisent : d'autres viendront pour chanter à leur tour, aux applaudissements de leurs concitoyens, la belle nature, les merveilles des arts et de l'industrie, les brûlantes extases de l'amour, les douces joies de la famille, la patrie et Dieu qui protége la France.

Paris, 27 septembre 1851.

I

LE DÉPART

Tentanda via est.

Je m'étais dit : restons dans le calme où nous sommes,
Ne livrons pas ma voile à des flots irrités ;
Comme un anachorète en ses austérités,
Vivons seul à l'écart, loin du bruit et des hommes.

Pourquoi, quand je pouvais vivre en paix dans le port,
Sur un fragile esquif tenter l'onde perfide ?
Pourquoi mettre les pieds dans un chemin aride ?
Pourquoi m'abandonner aux caprices du sort ?

Mon front est couronné des fleurs de la jeunesse,
L'espérance au vol d'aigle habite dans mon cœur,

Le bonheur me sourit, de fraîches voix en chœur
Chantent à mes côtés des refrains d'allégresse.

J'ai des amis de cœur dont le sang est le mien,
J'ai sous un toit modeste un abri pour l'étude,
Des livres, compagnons qu'aime ma solitude,
Au paternel foyer mon pain quotidien.

Mon nom n'est pas en butte aux fureurs de l'envie,
Mes jours coulent obscurs comme un ruisseau caché,
D'aucun remords encor mon chemin n'est jonché,
Nulle ombre ne se mêle à l'azur de ma vie.

J'ai vu s'ouvrir pour moi le cœur de la beauté,
Sa bouche a murmuré des aveux pleins de flamme ;
J'ai, pour calmer la soif ardente de mon âme,
Sur des lèvres en feu cueilli la volupté.

Pourquoi donc m'élancer vers ces douteux rivages
Où la moisson est rare, où le vin est amer,

Où l'air n'est jamais pur, où les cœurs sont de fer,
Où le soleil est terne et le ciel gros d'orages?

Pourquoi? C'est qu'un instinct m'entraîne malgré moi,
C'est qu'un volcan en feu bouillonne dans mes veines,
Que de riants tableaux mes visions sont pleines
Et que dans l'avenir mon âme a mis sa foi.

C'est qu'une ardente soif de voir et de connaître,
De toucher un pays idéal et nouveau
Sous ma tempe fiévreuse enflamme mon cerveau,
C'est qu'un désir immense envahit tout mon être!

C'est que j'aspire aussi dans un sublime élan
A gravir la montagne où s'est assis Moïse,
C'est que je veux aussi voir la terre promise,
C'est que le doigt de Dieu m'a montré Chanaan.

J'ai, Colomb patient, couvé mon Amérique;
Pour y trouver de l'or, laborieux mineur,

LE DÉPART.

J'ai fouillé dans le sol, j'ai, songe, hélas! menteur,
Rêvé l'Eldorado, le pays chimérique.

Par les champs et les prés, sur l'aubépine en fleurs,
Capricieuse et folle erre ma fantaisie,
J'ai surpris bien souvent l'ange de poésie
Rayonner de ma joie et pleurer de mes pleurs.

Dans mes rêves la nuit j'ai vu de blancs fantômes
A mon souffle de feu prendre un corps, s'animer,
Sous ma plume, à ma voix j'ai vu se transformer
En superbes géants les plus faibles atomes.

L'honneur et la justice ainsi qu'un labarum
Ont dirigé mes pas par les écueils sans nombre,
Et mon luth va chantant, tantôt gai, tantôt sombre,
De la douce campagne à l'orageux forum.

Parfois le cœur gonflé d'une sainte colère,
J'ai frappé le méchant d'un vers flagellateur,

LE DÉPART.

Sur son trône d'un jour démasqué l'imposteur,
Dénoncé l'intrigant à l'ire populaire.

Ma muse, qui se plaît aux faciles chansons,
Aime les seins de neige et les lèvres de rose,
Le frais printemps, la fleur nouvellement éclose,
Les vendanges, le miel, les fruits et les moissons.

Elle a des chants d'amour, elle a des chants de gloire,
Elle sait dénouer un corsage enchanté,
Nid charmant où s'abrite un trésor de beauté,
Et d'un héros tombé célébrer la mémoire.

Dans ces jours de travail, d'ardentes passions,
Où nous marchons sans but d'alarmes en alarmes,
Sur la patrie en deuil elle a versé des larmes,
Vu crouler son beau rêve et ses illusions.

Elle sait bien pourtant que l'astre de la France
Brille encor d'un éclat qu'un jour ne peut ternir,

LE DÉPART.

Elle attend, le regard tourné vers l'avenir,
Et dans ses yeux en pleurs brille encor l'espérance.

Quelque bras qui les rive, elle a l'horreur des fers :
Fidèle à son vieux culte, elle sait que l'idée
A besoin de sueurs pour être fécondée,
Et qu'avant d'être mûrs tous les fruits sont amers.

L'adversité, dit-on, est toujours importune,
Je ne le comprends pas ; courtisan du malheur,
Tout éploré mon luth a vibré de douleur
Sur de grands naufragés trahis par la fortune.

Qu'un autre soit servile ! et s'en aille au-devant
De ceux qu'un coup du sort élève à la puissance,
J'aime mieux rester libre et que ma lyre encense
Le soleil qui s'éteint que le soleil levant !

O muse vagabonde, un noble instinct l'entraîne !
Elle va par les mers, sur les monts, dans les cieux

LE DÉPART.

Comme l'aigle porter son vol ambitieux :
Dieu n'a pas assigné de borne à son domaine.

Elle s'enivre aussi d'air pur et de soleil,
Oh ! ses cordes souvent ont vibré d'allégresse !
Elle a chanté la paix, Dieu, l'amour, la jeunesse,
Et la France, à ses yeux le pays sans pareil.

Comme la mouche à miel sur les tiges fleuries
De parfums et de sucs elle fait son butin,
Et va chercher, bercée aux brises du matin,
Les perles que l'aurore épand sur les prairies.

Avare jusqu'ici dans son épanchement,
Elle a vécu sans bruit, timide et solitaire,
A ses plus chers amis cachant comme un mystère
L'œuvre qu'elle ébauchait en son isolement.

Mais elle veut aussi faire son tour du monde :
Lasse à la fin du calme où repose son seuil,

LE DÉPART.

Sur un fragile esquif elle affronte l'écueil
Et les récifs cachés sous le manteau de l'onde.

Le navire est tout prêt à s'élancer en mer,
Au sommet de ses mâts s'agite sa bannière,
Sa proue au sein des eaux se balance légère
Et fait en flocons blancs jaillir le flot amer.

L'ancre est levé, le vent fait ployer les antennes,
Adieu, frêle vaisseau qui portes mon espoir ;
Pars, malgré les écueils et l'horizon tout noir,
Et que Dieu te conduise aux régions lointaines !

Adieu, que chaque port t'accueille avec amour,
Que les plus doux zéphirs se bercent dans tes voiles,
Que les nuits soient pour toi rayonnantes d'étoiles,
Que l'immortel laurier te couronne au retour !

Ou plutôt, puisqu'il faut qu'ici bas tout s'achète
A prix d'or et de sang, d'angoisse et de labeurs,

LE DÉPART.

Puisque de longs travaux ou de grandes douleurs
La gloire ou la fortune est toujours la conquête;

Puisque toute victoire est le prix des combats,
Puisque l'éclair ne luit qu'à travers les orages,
Que la tempête éclate et brise tes cordages,
Que la vague et le feu te fassent couler bas;

Qu'au choc des éléments s'entr'ouvre ta carène,
Que de tes mâts rompus les tronçons mutilés
Surnagent dispersés sur les flots désolés
Comme des morts couchés tout sanglants dans l'arène!

O muse, du courage! et seule, sans appui,
Poursuis en défiant la fortune jalouse,
Et debout sur le pont, meurs comme Lapeyrouse:
Les flots l'ont dévoré, mais la gloire est à lui!

Avril 1851.

II

LE PÈLERINAGE DE LA VIE

Le pèlerin qui part pour de lointains rivages
N'a pas à parcourir que de riantes plages,
Que des vallons fleuris sous un ciel toujours pur,
Au pied de coteaux verts et couronnés d'azur ;
Avant que d'arriver au terme de sa course,
Avant que dans sa marche il n'ait atteint la source
Du fleuve dont il suit les tortueux détours,
Que de fois l'ouragan en a troublé le cours !
Que de rocs escarpés bordés de précipice,
Que de déserts sans eau, de monts où le pied glisse,
Que d'écueils, de périls sans nombre à surmonter,
Souvent dans son essor sont venus l'arrêter !
Oh ! que de fois la foudre a grondé sur sa tête !
Que de fois il s'est vu surpris par la tempête

LE PELERINAGE DE LA VIE.

Seul, la nuit, sur la route, et n'ayant pour abri
Que l'arbre du chemin tout frêle et rabougri !
Ah ! c'est que la nature est fertile en orages,
C'est que le ciel a plus de brume et de nuages
Que d'azur rayonnant des clartés du soleil,
Plus d'hiver triste et froid que de printemps vermeil.
C'est pourquoi bien souvent, épuisé, plein de doute,
Tristement il s'assied sur le bord de la route ;
Puis enfin, tout vieilli, quand il est arrivé
Au but de son voyage à grand'peine achevé,
Il ne lui reste plus de toutes ses chimères,
Après tant de dangers, de fatigues amères,
De rêves engloutis dans l'urne du passé,
Que l'épineux regret de l'avoir commencé.

O voyageur qui suis le chemin de la vie,
Ton destin est pareil ; souvent l'âme ravie,
Comme un amant qui court au rendez-vous du soir,
Tu te risques gaîment, croyant, fatal espoir !
Arriver sans encombre au terme du voyage,
Mais les jours assignés à ton pèlerinage

Compteront moins de fleurs que de ronce et d'ennuis,
Moins de vin que de fiel, de soleils que de nuits.
Nous sommes tous partis sous de mauvais auspices :
La route où nous marchons a plus de précipices
Et de cailloux aigus où les pieds sont meurtris
Que de sable argentin et de gazons fleuris.
Oui, nous coulons des jours que l'amertume abreuve.
Et lorsqu'après un temps plus ou moins long d'épreuve,
A travers mille écueils, nous abordons au port,
Cette fin de nos maux, ce repos, c'est la mort.

Mais avant de s'éteindre, avant que de connaître
Son principe et sa fin... l'éternité peut-être,
La vie a des aspects et des masques divers,
Ses brumes, ses soleils, ses étés, ses hivers.
Le monde est un théâtre, et l'existence humaine,
Drame immense, sept fois renouvelle la scène.

Un être humain est né! C'est l'enfance d'abord
Qui ne se connaît pas, qu'on berce et qu'on endort,
Qui pleure et qui vagit aux bras de sa nourrice,

Qui fait frémir la mère à son moindre caprice ;
Dans sa marche inhabile à qui l'on tend les bras,
Et qui pour y venir trébuche à chaque pas.
Un peu plus tard, voici l'enfance insoucieuse
Dans sa naïveté, toujours folle et rieuse,
L'enfance aux blonds cheveux, aux vermeilles couleurs,
Qui, docile, aux baisers livre sa joue en fleurs ;
Qui ne soupçonne pas, bienheureuse ignorance,
Ce que c'est que le mal ; si belle d'innocence,
Et reflétant si bien la pureté des cieux,
Que l'homme avec bonheur y repose ses yeux.
Mais elle dure peu ; bientôt la scène change,
Et l'écolier mutin prend la place de l'ange.
Il faut apprendre, il faut pour un maître ennuyeux
Laisser sa liberté, sa famille et ses jeux,
Apporter au travail une tête moins folle ;
Et le cœur un peu gros, vers les bancs de l'école,
L'écolier lambinant tout le long du chemin,
Se traîne avec regret son portefeuille en main.
Vermeille et fraîche encor voici l'adolescence
Avec sa vaillantise et son effervescence,

Qui sent germer en soi des désirs inconnus,
Et dans un cloître aux murs tout décrépits et nus,
Qui n'a pour horizon qu'une vieille tour noire,
Rêve déjà d'amour, de fortune et de gloire.
Enfin le jour arrive, ardemment souhaité,
Où sonne au vieux cadran l'heure de liberté,
Où le jeune homme, épris de tout et beau d'audace,
Fait son entrée au monde et vient prendre sa place.
C'est le soldat vantard qui se fraie un chemin,
A travers mille morts, son épée à la main;
Le poëte qui chante, émerveillant le monde
Aux doux vers qu'a dictés sa beauté brune ou blonde;
C'est l'artiste divin qui passe nuit et jour
A jeter sur la toile un long rêve d'amour;
Tous portant dans le cœur l'espérance immortelle,
Car la jeunesse en fleur, si splendide et si belle
Qu'il semble que jamais rien ne la doit ternir,
Fait luire sur leur front un rayon d'avenir.

Oh! la jeunesse! la jeunesse!
Torrent qui roule impétueux,

Lave qui bouillonne sans cesse
Comme des flots tumultueux !

Fantôme qui fuit comme une ombre,
Astre qui brille sur nos jours
Comme un éclair dans la nuit sombre,
Et dont rien n'arrête le cours.

Oh ! la jeunesse ! la jeunesse !
Printemps où la vie est en fleur,
Où l'âme contient plus d'ivresse,
Où le corps a plus de vigueur !

C'est l'âge où le ciel fait éclore
Les illusions sous nos pas,
L'âge où le cœur est pur encore,
Où sa source ne tarit pas.

C'est l'âge où la nature est belle,
Où tout est riant à nos yeux,

L'âge où l'espérance étincelle,
Où le soleil est radieux ;

L'âge où l'amertume des larmes
Trouve toujours un peu de miel,
Où la douleur même a ses charmes,
Où la terre est plus près du ciel ;

C'est l'âge de la poésie,
L'âge des généreux élans ;
C'est l'âge où notre fantaisie
Brille de feux étincelants ;

Où l'esprit plein d'enthousiasme
Pour ce que la terre a de beau,
N'accueille pas d'un froid sarcasme
Un chef-d'œuvre vieux ou nouveau.

C'est l'âge où nous voyons le monde
A travers un prisme enchanté,

Poser sa main lourde qui laisse
Toujours la trace d'un affront.

Comme des guirlandes de roses
Qui jettent un parfum si doux,
O fraîches fleurs au ciel écloses,
Embaumez tout autour de vous.

Laissez boire dans vos calices,
Laissez respirer à quelqu'un
Ce que l'amour a de délices,
Ce que votre âme a de parfum.

Ah! tandis que Dieu nous accorde
Une part des bonheurs du ciel,
Tandis que la coupe déborde
De vin, d'ambroisie et de miel,

Sachons profiter de la vie,
Sachons savourer les beaux jours

Où la jeunesse nous convie,
Et qu'embellissent nos amours.

Assez vite le vent d'automne
Ternira ses belles couleurs ;
Assez vite de sa couronne
L'aquilon flétrira les fleurs.

Hélas ! pourquoi faut-il que notre destinée
D'un éternel printemps ne soit pas couronnée ?
Pourquoi nous faut-il voir nos rêves les plus doux
S'évanouir un jour ? Pourquoi le temps jaloux
Brise-t-il aussitôt la coupe enchanteresse
De nos fraîches amours dont il corrompt l'ivresse ?
Par les bois embaumés et les sentiers tout verts,
Savourant nos étés sans penser aux hivers,
Aux doux bruits des rameaux jouant avec la brise,
Nous cueillons un bonheur que l'amour divinise,
Quand l'âge tout à coup nous surprend en chemin :
On était jeune hier, on sera vieux demain.

Où tout ce que notre orgueil fonde
Se revêt d'immortalité ;

L'âge où l'âme n'est pas aride
Et ne pense pas à la mort,
L'âge où le front n'a pas de ride,
Où le cœur n'a pas de remord.

C'est l'âge où toute âme s'enivre,
Où chaque jour est un beau jour,
Où l'on sent qu'il est doux de vivre,
Où les cœurs s'ouvrent à l'amour.

C'est l'âge où la femme complète
Toute sa forme et sa beauté,
Où son œil plus ardent reflète
Les rayons de la volupté.

C'est l'âge où les yeux savent lire
L'amour écrit dans d'autres yeux,

Où l'on est heureux d'un sourire,
D'un regard, d'un mot gracieux.

C'est l'âge où des mains caressantes
Dans nos mains viennent se poser,
L'âge où les lèvres frémissantes
Se contractent dans un baiser.

Aimez, aimez, ô jeunes filles !
Il est pour enivrer les cœurs
Autre chose que des quadrilles,
Que des rubans et que des fleurs.

Aimez, aimez, ô jeunes filles,
Pendant qu'il en est temps encor ;
Aimez avant que les faucilles
Aient moissonné les épis d'or.

Aimez avant que la vieillesse
Ne vienne, hélas ! sur votre front

Oh ! la jeunesse est courte et passe comme un songe !
Son éclat fugitif n'est qu'un brillant mensonge,
Et bientôt le printemps radieux et serein
Fait place à l'âge mûr, place à l'âge d'airain.
L'étroite ambition étouffe alors la flamme
Des nobles sentiments qui dévoraient notre âme,
Et devant l'intérêt tout s'éclipse en un jour ;
La soif du beau s'éteint ; l'illusion, l'amour
Laissent des cœurs qui n'ont pour eux qu'indifférence :
Adieu les doux projets et la belle espérance !
Le rêve aux ailes d'or s'enfuit épouvanté
Devant le spectre affreux de la réalité.
C'est alors que les cœurs, frappés de sécheresse,
Ne reconnaissent plus qu'un culte, la richesse ;
Et pour y parvenir rien ne leur est sacré.
Combien en poursuivant un fantôme doré,
Pour s'être trop hâtés, ont versé dans l'ornière,
Entraînant dans leur chute une famille entière !
Combien d'ensevelis dans un sombre linceul
De ruine et de mort par la faute d'un seul !
Tu le sais mieux que nous, toi, pauvre et douce amie,

A l'ombre du bonheur un moment endormie,
Et qui t'es réveillée un jour, pâle d'effroi,
Sous le poids du malheur qui s'écroulait sur toi.
La tristesse et les pleurs te restent en partage;
Où sont-ils aujourd'hui nos bonheurs du jeune âge,
Et l'avenir charmant et les belles amours
Que nous rêvions ensemble au matin de nos jours?

La douleur, mon pauvre ange, est fille de la terre;
Les sentiers d'ici-bas sont jonchés de malheurs.
Le monde où nous vivons est un vaste cratère
D'où sort incessamment une lave de pleurs.

Chacun doit sous les cieux subir la loi commune;
Tôt ou tard par le sort les hommes sont frappés,
Les uns dans leur amour, d'autres dans leur fortune:
Dans ce manteau de deuil tous sont enveloppés.

Un peu plus, un peu moins, voilà la différence.
Mais tel est le destin, et le ciel, en naissant,

A toute créature a légué la souffrance.
Nous portons de nos maux le germe dans le sang.

L'un, pour s'être égaré sur un chemin funeste,
Dans un désastre immense a perdu tout son bien ;
Il est encore heureux : une épouse lui reste,
Cœur pur et dévoué qui l'aime, n'ayant rien.

Du froid et de la faim l'autre n'a rien à craindre ;
Il est riche, chargé d'honneurs et de trésors,
Envié même : hélas ! en est-il moins à plaindre ?
Il est seul : ses enfants et sa femme sont morts.

Celui-ci, tout comblé de biens et de famille,
A sous de verts abris des lilas embaumés,
Une blanche maison, une épouse, une fille ;
Mais il ne les voit plus : ses yeux se sont fermés.

Si marâtre pour nous qu'ait été la nature,
Nous devons la bénir et rendre grâce à Dieu :

Il en est tant à qui sa colère est plus dure,
Qui l'été n'ont pas d'ombre et l'hiver pas de feu !

Regarde autour de nous : quelle affreuse misère !
Quel tableau de douleur se déroule à nos pieds !
Combien j'en vois errer tristement par la terre,
Du banquet des heureux convives oubliés !

Vois cette femme en deuil qui vient sous ta fenêtre
Implorer ton aumône en chantant un vieil air ;
Elle est jeune, et pourtant qu'elle semble peu l'être,
Tant ses membres glacés sont raidis par l'hiver !

Vois ces petits enfants qui, pieds nus dans la boue,
S'en vont se meurtrissant aux cailloux du chemin ;
Pauvres hochets du sort dont le malheur se joue,
Et qui sourient encore en nous tendant la main !

Ah ! si, comme les fleurs dans nos jardins écloses,
Ils buvaient la rosée et les feux du soleil,

Comme d'autres enfants ils seraient frais et roses,
Leurs lèvres brilleraient comme un rubis vermeil.

Du courage ! le ciel aura pitié sans doute
Du malheur qui t'atteint sans l'avoir mérité ;
Ah ! qu'il transforme en fleurs les pierres de ta route,
Et qu'il rende à tes yeux leur première gaîté.

Heureux celui qui sait, science peu commune,
Porter également l'une et l'autre fortune ;
Qui ne s'enivre pas d'un semblant de bonheur,
Et contre les revers se cuirasse le cœur.
Celui-là savait vivre et disait vrai peut-être
Qui s'écriait un jour : Est heureux qui veut l'être !
Que le sentier soit clair ou sombre, rude ou doux,
Nous nous trouverons tous un jour au rendez-vous,
Et nous aborderons tous à la même rive.
On a beau faire, il faut que le trépas arrive.
La vie est un voyage et la mort est le but,
Sphynx dévorant à qui chacun doit son tribut.
La vieillesse d'abord survient comme un prélude ;

Age de décadence et de décrépitude
Où nous voyons le jour s'affaiblir à nos yeux,
Et la neige des ans argenter nos cheveux.
Elle vient malgré nous la vieillesse glacée
Qui frappe en même temps le corps et la pensée,
Qui ne vit désormais que par le souvenir,
Qui, pour toute espérance et pour tout avenir,
Et pour suprême abri, n'a qu'une étroite pierre,
De cyprès ombragée, au fond d'un cimetière.
Et cependant, malgré ses désenchantements,
Son beau matin flétri, ses regrets, ses tourments,
Et la mort dont bientôt elle sera la proie,
La vieillesse a ses jours de bonheur et de joie.
Bienheureux le vieillard dont la maison fourmille,
Comme un fertile champ, d'une chaste famille;
Qui ne s'en va pas seul, mais d'un pas triomphant,
Marche au tombeau suivi d'un cortége d'enfant.
Car il laisse à ce monde une part de lui-même,
Car il sera pleuré par quelqu'âme qui l'aime;
Il n'enrichira pas un avide héritier,
Et la tombe, en s'ouvrant, ne l'aura pas entier.

Bienheureux le vieillard qui peut pour héritage
Léguer aux siens l'estime et l'honneur en partage ;
Que, debout à son lit, le spectre d'un remord
Ne fait pas tressaillir à l'heure de la mort ;
Qui sut garder une âme intrépide et sereine
Et juste dans les jours de tempête et de haine ;
Dont le cœur est sorti de la lutte invaincu,
Et qui meurt plein de jours content d'avoir vécu.

III

Le livre de ma vie est ouvert à la page
Où la scène est obscure, heureuse et calme encor ;
Rien n'y fait pressentir les écueils et l'orage,
L'espérance y sourit au cœur en rêves d'or ;
Au voyage obligé gaîment il se dispose
Sur un chemin uni tout émaillé de rose
Où l'on respire l'air embaumé du matin :
A ce riant début du drame qui commence
Tout présage bonheur, amour, paix, innocence.
Qui pourrait dire, hélas ! quelle en sera la fin ?

Février 1845.

IV

FEMMES ET FLEURS

Il est deux choses dans la vie
Dont le Seigneur nous a dotés,
Deux trésors que chacun envie
Et par qui notre âme est remplie
De parfums et de voluptés.

Il est deux urnes en ce monde
Qui versent sur nous chaque jour,
Ainsi qu'une source féconde
Verse aux prés la fraîcheur de l'onde,

Des flots de senteur et d'amour.

Deux bienfaits de la Providence
Portent un baume à nos douleurs ;
Tous deux beaux, comme l'espérance,
Savent endormir la souffrance :
Ce sont les femmes et les fleurs.

Femmes et fleurs, double mystère !
Douces créatures du ciel
Dont Dieu fit présent à la terre
Pour compenser la coupe amère
Débordant d'absinthe et de fiel.

Toutes deux je les vois sourire
Dans l'infortune et le bonheur,
Elles ont chacune une lyre,
L'une ses parfums qu'on respire,
L'autre les cordes de son cœur.

Elles ont des trésors d'ivresse

Qu'elles répandent sur quelqu'un ;
Source d'éternelle allégresse !
La femme donne sa tendresse
Et la fleur donne son parfum.

Toutes deux frêles et charmantes
Elles ont un destin pareil,
A chacune de ces amantes
Il faut des âmes bienveillantes,
Des caresses et du soleil.

Souvent, sort des plus belles choses !
Tombent avant la fin du jour,
Femmes et fleurs à peine écloses,
Faute d'un peu d'eau, pauvres roses !
Pauvres femmes, d'un peu d'amour !

Dans un mystérieux langage
Vous vous parlez comme des sœurs ;
Oh ! le soir, dans quelque bocage,
Quelles confidences, je gage,

FEMMES ET FLEURS.

Vous vous faites, femmes et fleurs !

O petit rameau d'aubépine !
Dis-moi, quel secret t'a conté
Cet ange qui, sur la colline,
T'a séparé de ta racine,
Et qui sur son sein t'a porté !

Tu sais ce que ce cœur recèle,
Toi qui sentais ses battements,
Tu sais combien cette âme est belle ;
Oh ! fais-moi le récit fidèle
De sa joie et de ses tourments.

Gentille fleur de la prairie,
Combien tes parfums sont plus doux
Quand c'est l'amour qui t'a cueillie,
Lorsque c'est une main chérie
Qui t'a coupée exprès pour nous.

Sois pour moi la fleur d'espérance,

Comme la branche d'olivier
Qu'au milieu du déluge immense,
Comme un signe de délivrance
Dans l'arche apporta le ramier.

Avril 1850.

V

ARIANE

Quand sur les bords crétois, hélas! abandonnée
Ariane pleurait sa triste destinée,
Combien au souvenir de son ingrat amant
Elle devait avoir de honte et de tourment,
Loin de tout cœur ami, lorsque la solitude
Rend plus vive et cuisante encor l'inquiétude.
Son visage flétri, ses yeux noyés de pleurs,
Sa parole muette attestaient ses douleurs.
O bois! ô monts sacrés! ô rivages de Crète!
Qui veniez de la voir avec un air de fête
Pour le pays lointain apprêter son départ,
Voyez,... son âme enfin se repent,... mais trop tard.

Sur ces rives en deuil la pauvre délaissée
Pleine d'amers regrets promène sa pensée,...
Elle attend,... elle espère, et pourtant quel espoir!
En vain l'astre du jour chasse l'astre du soir,
En vain le temps s'enfuit, l'heure se renouvelle,
Et pour les cœurs aimants l'attente est si cruelle!
Thésée avait promis, mais il ne revient pas.
C'est un amour nouveau, ce sont d'autres appas
Que vers la Grèce libre entraîne le parjure.
O trahison plus grande et comble de l'injure!
Ariane, sais-tu jusqu'où va sa noirceur?
Ta rivale, sais-tu, que c'est Phèdre ta sœur?
Est-ce elle cependant qu'un noble instinct convie,
Thésée, à te tracer le chemin de la vie?
Perfide, était-ce donc pour Phèdre que ta main
Devait faire briller le flambeau de l'hymen?
Malheureuse Ariane, en sa fleur ta jeunesse
A perdu tout plaisir et ton cœur toute ivresse;
Les songes de bonheur en qui nous avons foi
Ne rendent plus d'oracle et se taisent pour toi;
L'espérance par qui la douleur se supporte

Dans ton sein maintenant est elle-même morte ;
Tu te plains, tu gémis, et, lasse de souffrir,
A force de pleurer tu finis par mourir.
Fallait-il expirer, innocente victime,
Pour l'être à qui ton cœur ne devait nulle estime?
Celle ou celui qui trompe est indigne d'amour.
Tu pouvais être heureuse en supportant le jour ;
L'existence à vingt ans brille d'assez de charmes
Pour guérir une plaie et sécher quelques larmes.
Que n'as-tu, jeune et belle, et riche d'avenir,
A jamais du passé banni le souvenir,
Et fille de Minos que l'éclat environne
Sur un plus digne front déposé la couronne ?

25 février 1847.

VI

ADIEU!

Adieu !... ce mot éveille, hélas ! bien des alarmes !
    On en voit tant partir,
Le sourire à la bouche et le cœur plein de charmes,
    Et puis se repentir !

Oh ! qui me tiendra lieu pendant ta longue absence
    De tes baisers si doux ?
Eh quoi ! demain, si tôt ! une barrière immense
    Sera donc entre nous ?

Ton souvenir, ma chère, alors ma seule joie,
    Charmera mon destin,
Comme un phare sauveur qui de loin se déploie
    Du soir jusqu'au matin.

Quelquefois, n'est-ce pas, sur le soir, au rivage,
>   Parmi l'obscurité,
Une brise d'amour portera mon image
>   Aux pieds de ta beauté?

Adieu donc! et pour toi du moins, ma bien-aimée,
>   Que les instants soient courts!
Que des plus doux zéphyrs la mer soit parfumée,
>   Et le ciel pur toujours!

12 août 1846.

VII

ÉCRIT LE LENDEMAIN D'UN BAL
A L'HOTEL LAMBERT

Oh! vraiment, cette foule est stupide et hideuse!
Oui, certes, je comprends la misère boudeuse
Qui, sur le riche altier et le luxe mondain,
Fière dans ses haillons, jette un œil de dédain;
Qui, vouée au travail, supporte avec courage
Le froid l'hiver, la faim dans les jours de chômage;
Oui, je plains de tout cœur ces grands déshérités
Qui n'ont point eu leur part dans nos félicités;
Qui n'ont pas de soleil, de repos ni de fête;
Qui, passagers obscurs, frappés par la tempête,
Implorent Dieu tout bas et demandent au sort

Des flots moins orageux pour les conduire au port:
Que Dieu leur soit clément!

      Mais cette populace
Qui lance ainsi l'injure et la boue à la face
De ceux qui, répondant au généreux appel
Parti comme un bienfait de ce splendide hôtel
Où le pauvre a son pain, la charité son trône,
Aux mains des malheureux vont porter leur aumône.
Oh! cette foule au geste irritant et moqueur,
Certe est chose hideuse : il lui manque le cœur!

Aux tremblantes lueurs des blafardes lanternes,
Répandus sur les quais en sortant des tavernes,
Des hommes en haillons, aux obliques regards,
Des enfants rabougris, blêmes, les yeux hagards,
Des femmes au teint hâve, aux formes décharnées,
Ames teintes de fiel et de haine imprégnées,
L'un sur l'autre pressés, s'en vont éclaboussant
D'une boue et d'un mot grossier chaque passant.
Ah! que ce riche à qui leur insulte s'adresse

Aille d'un peuple ami soulager la détresse...

Qu'est-ce que de proscrits l'infortune leur fait ?

Rien n'est sacré pour eux, pas même le bienfait.

Oh ! je les reconnais ces sinistres figures !

Elles n'ont pas changé : les voilà, ces augures

De nos calamités, fange des nations,

Que soulève le flot des révolutions,

Et dont la cruauté passe la turpitude.

Oui, je sais les hauts faits de cette multitude :

C'est elle que l'on voit paraître aux mauvais jours,

Et qui s'abat ainsi qu'un essaim de vautours.

En tous temps aux aguets, de sa cruelle serre

Elle a comme une proie enveloppé la terre.

A son œuvre de sang elle ne faillit pas.

Pour frapper et piller son bras n'est jamais las.

A chaque époque triste, à chaque page noire

Où se voile de deuil le livre de l'histoire,

Vous la retrouverez ivre et se repaissant

De pillage, de pleurs, de carnage et de sang.

La hache, le poignard, le feu, voilà ses armes.

Sourde aux cris de douleur, au désespoir, aux larmes,
Elle va son chemin, sous ses pieds étouffant
La grâce et la vertu, le vieillard et l'enfant.
Mais dès qu'elle n'a plus l'avantage du nombre,
Vous la voyez s'enfuir et se cacher dans l'ombre,
Et ramper lâchement, car l'assassin a peur,
Le jour où, secouant une indigne torpeur,
La nation s'éveille et relève la tête,
Et d'un front résolu fait face à la tempête.

Comme on voit des chacals et des loups affamés
Patiemment de loin suivre des corps armés
Et rôder par instinct près d'un champ de bataille,
Alléchés par l'espoir d'une large ripaille,
Elle, flairant le meurtre et les destructions,
S'attèle au char sanglant des révolutions.
L'ignorance et la peur, ce sont là ses compagnes.
Une torche à la main, parcourant nos campagnes,
C'est elle qui portait l'effroi dans les hameaux,
Ravageait les moissons et brûlait les châteaux ;
Qui, le front couronné du bonnet de Phrygie,

Travaillait au massacre en sortant d'une orgie,
Insultait sans pitié la dépouille des morts,
Promenait par la rue une tête sans corps,
Dénonçait un regard, un geste, une parole,
Autour des échafauds dansait la carmagnole,
Et moyennant salaire, au refrain des chansons,
Égorgeait l'innocence aux portes des prisons.
C'est elle qui léchait le sang des guillotines,
Qui ravivait le feu des haines intestines,
Qui hurlait pour hâter ce supplice d'un roi
Que l'histoire aujourd'hui contemple avec effroi;
Qui jetait au besoin les siens dans la fournaise,
Quand, aux chants du *Départ* et de *la Marseillaise*,
De la France en péril en invoquant le nom,
Le peuple, le vrai peuple, aux accords du canon
Et des clairons sonnant une marche guerrière,
Sous le fer ennemi tombait à la frontière.

1845.

VIII

O rus, quando te aspiciam!

Que j'aime, au fond des bois, une source d'eau pure,
Un feuillage odorant qui tressaille et murmure,
Une herbe tendre et verte où des essaims de fleurs
Font monter vers le ciel les plus douces senteurs !
Forêts, collines, lacs, asiles des campagnes,
Soleil inspirateur qui dore les montagnes,
Comme aux cités pour vous mon cœur dirait adieu,
Palais de la nature où tout parle de Dieu !
Heureux celui qui peut, retiré loin du monde,
Vivre au milieu des siens dans une paix profonde;

Simple de cœur, sans haine, exempt d'ambition,
Affable à tout venant, dont la prétention
Ne passe point les murs de son étroit domaine ;
Qui ne craint pas les jours que la vieillesse amène ;
Remerciant le ciel quand la tiède saison
A mûri ses coteaux et doré ses moissons !

1846.

IX

A UNE JEUNE FILLE.

I

Tu n'aimes pas, dis-tu, tu ne veux pas aimer !
Imprudente ! ta voix est douce et sait charmer ;
La pâleur de ton front, les roses de ta joue,
Ton sourire si fin fait pour nous égayer,
Ta taille ronde et mince et que l'on voit ployer
Comme un frêle roseau que le zéphyr secoue,
Ta main petite et blanche et ces jeunes appas
Au contour velouté que le regard devine,
Forment, le sais-tu bien ? une chaîne divine
Qui retient tous les cœurs attachés à tes pas ?
Les cieux ont, si souvent de leurs trésors avares,

Dans ta bouche enchâssé les perles les plus rares ;
Sur tes lèvres, enfant, brille un rubis vermeil
Où la grâce a gravé son empreinte profonde,
Et j'admire la cendre étincelante et blonde
De tes cheveux dorés aux reflets du soleil.
Dieu dans ton cœur a mis un rayon de sa flamme,
Et de ton long regard si limpide et si pur,
Où d'un ciel étoilé se réfléchit l'azur,
Le langage muet pénètre au fond de l'âme.
Ah ! de tant de candeur lorsqu'un front est doté,
Lorsqu'on enferme en soi des trésors de beauté
Plus précieux cent fois que ceux de la fortune ;
Quand on est faite ainsi pour inspirer l'amour,
On doit soi-même aimer, c'est une loi commune :
Il faut en l'imposant la subir à son tour.

Regarde autour de toi, tout soupire et tout aime.
L'amour nous vient de Dieu, l'amour est le baptême,
Pour se purifier où se trempe le cœur ;

C'est le but, le désir, la fin de toute chose,
Le principe éternel, la base où tout repose,
Le suprême hosanna que tout répète en chœur.
Tu vois les fleurs frémir des baisers de la brise ;
Le rivage, en passant mollement caressé,
Roule amoureusement les flots qui l'ont pressé ;
Des rayons du soleil la prairie est éprise ;
La source aime le bois, et le jour radieux
S'enivre de l'éclat et de l'azur des cieux.
La fauvette, à la voix douce comme la tienne,
Gazouille de tendresse au rebord de son nid,
Et chante ses amours que le Seigneur bénit.
Amour, parfum du cœur, si peu qu'il en contienne,
Il en aura toujours assez pour l'exhaler.
Le lion du désert n'a pas un cœur de marbre.
Souvent n'entends-tu pas sur une branche d'arbre,
Le soir, plaintivement le ramier roucouler ?
Sa compagne est absente ; il gémit, et l'appelle ;
L'écho redit sa plainte ; aux accents de sa voix,
A ces accords connus, bientôt du fond des bois,
Pour calmer sa douleur, accourt la tourterelle.

Oh ! combien sans aimer est amer chaque jour !
Tu le vois, ce doux feu que l'ange du mystère
Nous apporta du ciel parfume tout sur terre,
Et la nature entière est un hymne à l'amour.

III

La tendresse sied bien aux roses du visage.
Des jeunes ans d'ailleurs l'amour est le partage ;
Jouissons-en ; le temps à le ravir est prompt :
Il fuit comme l'éclair. N'attends pas que l'automne
De ton printemps vermeil ait fané la couronne,
Ni que l'âge ait posé ses doigts lourds sur ton front.
Il est si doux d'aimer, d'embraser de sa flamme
Un sein bien dévoué qui ne trahit jamais !
Dans une âme à nous seul ouverte désormais,
Comme dans un miroir, de réfléchir son âme !
De ne former à deux qu'un seul être ici-bas,
De lire son bonheur dans le regard d'un autre
Dont on sent le cœur battre à l'unisson du nôtre,
Et qui palpite d'aise au seul bruit de nos pas !

A UNE JEUNE FILLE.

Il est si doux d'entendre une voix bien-aimée,
De cueillir un baiser qui rafraîchit les sens,
Et qui nous monte à l'âme, ainsi qu'un pur encens,
Plus rempli de parfums qu'une fleur embaumée !
Enfant aux blonds cheveux, vous le saurez un jour
Ce que de voluptés cause un baiser d'amour ;
Car vous avez beau faire et vous avez beau dire,
Avec vos grands yeux bleus vous avez beau sourire
D'un air d'indifférence et d'incrédulité,
Beau secouer la tête et pincer votre bouche,
Et mettre tous vos soins à paraître farouche,
Cet amour fait pour vous et par vous détesté,
Pour qui vous essayez de montrer tant de haine,
Et dont vous nous parlez avec un air moqueur,
Peut-être avant demain, ma jeune souveraine,
Comme un dard acéré vous percera le cœur.

Juillet 1850.

X

LA LIBERTÉ.

> . . . Nunc pede libero
> Pulsanda tellus. . . .
>
> HORAT. lib. I, od. XXXVII.

Fille des temps anciens que le ciel fit éclore,
Liberté! Liberté! je te salue encore!
Ton front n'est pas couvert de sinistres lauriers;
Au sein des grands concerts et des hymnes guerriers
Dont retentit partout ta marche triomphale,
Le sang ne flétrit point ta robe virginale;
Mais sur tes pas vainqueurs semant mille bienfaits,
Tu nous promets à tous la concorde et la paix.

Des insensés disaient : « Grandissons notre sphère,

« L'avenir est à nous, notre maison prospère,
« Nous sommes forts, nombreux, nous avons des soldats;
« Quant au vœu du pays, nous ne le craignons pas. »
Et, confiante en soi, sûre d'être impunie,
Sourdement, lentement, croissait la tyrannie.
Mais quand se fut levé tout le peuple ébranlé,
Puissance, trône, armée, en un jour a croulé !
Ainsi la voix du peuple est l'oracle du monde !
Liberté, voici l'heure où ton règne se fonde.
Nous t'offrons sans regret notre culte et nos vœux.
C'est l'heure solennelle où les destins soigneux
Pour le bonheur de tous avaient marqué ton règne,
Car Dieu veut qu'on t'adore et non pas qu'on te craigne.

Fille chère à la France et chère à l'univers,
Elle ne peut souffrir les humains dans les fers ;
Mais, calme et rayonnant, son front n'est pas terrible.
O frères ! qui de loin vous la faisant horrible,
De son temple de paix noircissez le fronton.
Ceux qui vous l'ont dépeinte ainsi qu'une Alecton,
Se plaisant aux clameurs, aux scènes de carnage,

LA LIBERTÉ.

Du rauque dans la voix, le cœur sec, l'œil sauvage
Et les bras dans le sang jusqu'au coude trempés,
Oh! ne les croyez pas : ceux-là vous ont trompés.
Elle est fière et superbe ainsi qu'une immortelle ;
Elle a du sang au cœur, du feu dans la prunelle ;
Elle hait hautement, jalouse de ses droits,
Et la pompe des cours et la pourpre des rois :
Mais bonne et charitable, au moment de paraître,
Elle abolit la mort qui peut frapper un traître ;
Et partout après soi traînant l'égalité,
Elle appelle le monde à la fraternité.

Vous donc qui la peignez sous une image noire,
Pour la connaître enfin feuilletez son histoire.
C'est elle qui soufflait son génie à Platon ;
Elle guidait les Grecs vainqueurs à Marathon ;
C'est par elle que Rome a conquis tant d'empire ;
C'est elle qui de Dante a fait vibrer la lyre.
Avec soi de la Suisse elle a conclu l'hymen,
Et de Guillaume Tell a dirigé la main.
Brisant de son doigt d'or l'époque féodale

Où, des chaînes aux pieds, la nation vassale
Quinze siècles durant dormit d'un lourd sommeil,
Elle bénit la France à son premier réveil.
Si des traces de sang ont marqué son passage,
Que de bienfaits cueillis dans son vaste héritage !
Départ pour la frontière, illustres dévouements,
De la mère et du fils derniers embrassements !
Avez-vous oublié ces élans magnifiques ?
C'est elle qui trempait les âmes héroïques ;
C'est elle qui faisait, par un sublime effort,
Chanter les Girondins en marchant à la mort ;
Elle qui, maintenant, sur son char de victoire,
Nous conduit à la paix, au bonheur, à la gloire.
Vergniaud, Bailly, Carnot, noms chers et glorieux,
Que dites-vous de nous, mânes de nos aïeux ?
Dites si nous suivons dignement votre trace ;
Race des jours présents, sommes-nous votre race ?
Ah ! dans ces temps voués à l'immortalité,
Combien ta part aussi fut belle, ô Liberté !

Un jour, se sentant forte, et l'allure guerrière,

La France, à tes accents, se leva tout entière ;
Et, trouvant mille écueils semés sur son chemin,
Pilla, brisa, prêchant de nouvelles doctrines ;
Puis, son épée au poing, debout sur des ruines,
  S'écria : Je suis libre enfin !

Mais l'ivresse du peuple alla jusqu'au délire.
Il avait tant souffert, qu'il ne put lui suffire
D'avoir avec mépris chassé la royauté :
Trône qu'on croyait fort, féodales demeures,
Titres et parchemins, tout fut en quelques heures
  Par quatre-vingt-treize emporté.

Vous me montrez du doigt une livide tête
Que la hache a fauchée au sein de la tempête...
Que peut la Liberté contre un arrêt cruel ?
Mais, elle, avec respect on l'admire, on la nomme,
Car, signés de sa main, je vois les droits de l'homme
  Écrits sur un livre éternel.

Eh ! qu'importe, après tout, qu'un prêtre fanatique,

En se signant d'horreur au seul mot d'hérétique,
Au milieu des bûchers vienne prêcher son Dieu ?
Qu'il transforme en priant la clémence en furie,
La croix en un gibet, le temple en boucherie,
  En séjour de pleurs le saint lieu ?

Dieu n'en est pas moins grand, son culte moins sublime;
Et son nom, trop souvent invoqué par le crime,
N'a perdu parmi nous rien de sa majesté :
Ainsi, mêlée en vain aux guerres intestines,
Tu ne t'es pas souillée au sang des guillotines,
  Jeune et divine Liberté !

Comme un éclair brillant illumine l'orage,
Au sein de l'ouragan flamboyait ton image.
C'est toi, ce sont les tiens qu'un tyran a vaincus.
Mais qu'un monstre à l'œil fauve à tes traces s'attache,
Qu'on tue à tes côtés... tu m'apparais sans tache
  Aux rostres sanglants des Gracchus.

Pour moi, quand je verrais le crime au teint livide

Se repaître en ton nom de vol et d'homicide,
Asseoir ton piédestal sur un autel sanglant;
Gorgé d'un or impur quand je verrais le vice,
Au lieu de tes drapeaux, arborant l'injustice,
    T'adorer en te mutilant;

Quand le flot des méchants, comme une vague immense,
Envahirait le temple où ton règne commence,
Emprunterait ton nom pour flétrir les vertus,
Et de ton manteau saint revêtant son cynisme,
Viendrait nous imposer un hideux despotisme
    Au lieu des tyrans abattus;

Au sein de tant d'horreurs, ferme dans ma croyance,
En toi jusqu'à la mort, seul, j'aurais confiance,
Oui, je t'adorerais seul dans tout l'univers,
Car ton cœur ne connaît ni bourreau, ni victime,
Ton bras porte secours au juste qu'on opprime,
    Ton glaive frappe les pervers.

Va, s'il est quelque part un être assez infâme,

Quel qu'il soit, qu'une folle ambition enflamme,
Qui se présente à nous le despotisme en main,...
Avant que de fléchir sous l'ignoble férule,
Chacun de nous mourra sur sa chaise curule
  Ainsi qu'un sénateur romain.

Mais le ciel est serein, mais les temps sont prospères.
Loin de nous lâches peurs, craintes, vaines chimères!
L'horizon de nos murs se revêt de clarté ;
J'entends autour de moi de longs cris d'espérance,
La main de plus d'un peuple applaudit à la France :
  Ton jour est venu, Liberté.

Que d'illustres appuis d'une main paternelle
Protégent en chemin ta jeunesse éternelle!
J'aperçois, t'inondant de leurs vives clartés,
Arts, lettres et science assis à tes côtés.
Salut, ô Béranger, salut, tête blanchie
Dont l'austère dédain fuyait la monarchie!
Voici les jours promis ; muse aux accents si doux,
Reprenez votre essor, revenez parmi nous ;

Rendez-nous ces chansons d'espérance et de joie,

Belles comme un présent que le ciel nous envoie,

O notre père ! ô vous le premier des Français,

Chantez, chantez encor, consacrez nos succès !

Je pleure, mais d'ivresse,... et plus que dans ces larmes,

Dans nul autre plaisir je n'ai goûté de charmes.

Salut ! salut ! Dupont, vénérable vieillard

Qu'un aveugle pouvoir avait mis à l'écart !

Et vous, hommes de cœur dont le talent s'applique

A faire prospérer la jeune République,

Démocrates connus, qui tous, à l'unisson,

Semez pour nous offrir la plus riche moisson ;

Et toi, brillant poëte, honneur de la patrie,

Chantre mélodieux, muse tendre et chérie,

Comme un autre Solon, barde législateur,

De nos lois aujourd'hui te voilà protecteur.

Ainsi le plus aimé des bardes de la Grèce,

Sophocle, dont les vers excitaient l'allégresse,

A la lyre unissait le glaive du soldat ;

Stratége, il conduisait Athènes au combat :

Et, digne successeur de ce génie antique,

Lamartine, à ton luth joignant la politique,
Après que par ses chants il nous a transportés,
Ton génie assidu veille à nos libertés.

Et toi, belle contrée, ô terre généreuse !
L'ère est venue enfin où tu vas être heureuse.
Salut ! noble pays, si fertile et si beau,
France, tu rajeunis au sortir du tombeau.
Libre de tes liens, rien d'impur ne te touche ;
Nous avons arraché les bâillons de ta bouche :
O ma patrie, enfin secouant sa torpeur,
La France d'aujourd'hui ne connaît plus la peur.
De Lille à Perpignan et de Brest à Marseille,
Ton honneur qu'on voulait étouffer se réveille.
Un peuple vraiment libre est ami de la paix ;
Mais si d'imprudents rois, du fond de leur palais,
Prétendaient s'imposer pour calmer nos orages,
Nous franchirions le Rhin pour les rendre plus sages.

L'union de tes fils est ton plus sûr garant.
Leur bien-être en ton sein va renaître plus grand ;

Et tes riches coteaux et tes gras pâturages,
Et les mille cités, orgueil de tes rivages,
Où depuis trois cents ans des bras industrieux
Fabriquent laine, lin et tissus précieux,
Et les lignes de fer où la foule s'empresse,
Chez toi vont amener abondance et richesse.

Nous, enfants de ce sol, calmes dans notre orgueil,
Chassons loin de nos cœurs et la crainte et le deuil.
Gloire à Dieu! gloire à vous, valeureuses pléiades!
Ouvriers de Paris, héros des barricades,
Qui sur un champ de guerre, aux accords du tocsin,
Avez contre les rois joué votre destin.
Trois jours vous ont suffi, jours de sainte colère,
Pour réduire à néant un pouvoir arbitraire:
Majestueux combat, où d'un sceptre heurté,
Jeune et le front serein jaillit la liberté.
« Oubliez, oubliez le passé, nous dit-elle,
« Vous êtes les enfants d'une ville éternelle :
« Des lois, de saintes lois! pas de sang, pas de mort!
« Fondez sur la clémence un immortel accord,

« Songez que tout ému l'univers vous contemple,
« Et que c'est à la France à lui servir d'exemple ;
« Préparez à vos fils un heureux lendemain,
« Croyez en moi, Français, et donnez-vous la main. »

Ainsi, grâce à toi, noble fille,
Nous voilà comme aux premiers jours
Enfants d'une même famille,
Nous sommes unis pour toujours.
Des cours, insigne fourberie,
Honteuse, lâche flatterie,
Serpent par nos mains terrassé !
Passions désormais futiles,
Remontez, haines infertiles,
Dans les nuages du passé.

O Liberté ! sur cette terre
Où la vaillance est dans le sang,
Où l'honneur est héréditaire,
Où les lumières vont croissant,
Plante ta bannière éternelle,

LA LIBERTÉ.

De toute atteinte criminelle
Dieu saura bien la protéger,
Et s'il faut que le sang encore
Souille ta robe tricolore,
Que ce soit le sang étranger.

Aux accents de ta voix guerrière,
Nous irons, fiers de ton trésor,
Porter les flots de ta lumière
Aux peuples aveugles encor.
Tu tiendras la faux qui moissonne,
Sous qui tombe chaque couronne,
Source de mille oppressions ;
Ton bras les refoulant dans l'ombre,
Fondera pour des jours sans nombre
La concorde des nations.

Tu seras la mère féconde
De l'industrie et des beaux-arts ;
Ton œil dans tous les coins du monde
Cherchera les talents épars.

LA LIBERTÉ.

Plus d'entraves pour le génie !
Que la censure soit bannie
Loin de tes foyers immortels !
Ce n'est qu'avec le feu de l'âme
Dans le pur éclat de sa flamme,
Qu'on doit encenser tes autels !

Comme les vestales à Rome
Veillaient autour du feu sacré,
Chaque sein où bat un cœur d'homme
Sera ton rempart assuré ;
De beaucoup d'amour et d'ivresse,
D'un peu de vie et de jeunesse,
Dieu nous a bien voulu doter ;
Nous avons, prêt à les dépendre,
Un sabre nu pour te défendre,
Une lyre pour te chanter.

Février 1848.

XI

CHANSON

S'il est un lieu de délice
 Tout fleuri d'appas,
 Dont l'air me ravisse,
Où j'aime à porter mes pas ;
S'il est un sol que préfère
 Mon âme d'amant,
 C'est celui, ma chère,
Que foule ton pied charmant.

S'il est une heure adorée
 Qui tarde à venir,
 Et dont la durée
Ne devrait jamais finir ;
Qui, lorsque je désespère
 Me rend quelqu'espoir,

CHANSON.

C'est celle, ma chère,
Où mes yeux peuvent te voir.

S'il est entre toute chose
Un suprême bien,
Tout brillant de rose,
Près de qui le ciel n'est rien;
S'il est un bonheur sur terre
Préférable au jour,
C'est celui, ma chère,
De posséder ton amour.

S'il est une mort bien douce
Entre toute mort,
Dont rien ne repousse,
De qui j'envierais le sort,
Point cruelle et point amère,
Exempte d'effroi,
C'est celle, ma chère,
Que je subirais pour toi.

1846.

XII

INVITATION AU RETOUR

A M. P. J.

Malgré ce que de charme et de bonheur tranquille
T'offre le vieux foyer de ton champêtre asile,
Et tes prés verts encore et le pieux amour
De tes champs qu'un air pur embaume tout le jour,
N'est-il pas temps, ami, d'abandonner la plaine
Et les jardins naissants de ton riant domaine ?
Veux-tu voir ton ruisseau par les frimas glacé,
Le faîte de ton toit sous la neige effacé,
Et les flocons d'argent, tableau du moins sublime !
De tes nombreux coteaux couronner chaque cime ?
Le triste vent du nord siffle pour t'avertir

Que l'hiver est prochain et que tu dois partir ;
Quitter jusqu'aux beaux jours le ciel de ta retraite
Qui, lorsque le printemps lui rend un air de fête,
Sans doute est ravissant et n'a pas son pareil,
Mais que n'échauffent plus les rayons du soleil.

Eh ! sans parler du temps, n'est-il rien qui t'attire
Vers ce pauvre Paris que je t'entends maudire ?
Ne renferme-t-il pas une part de ton cœur
Et sommes-nous pour rien comptés dans ton bonheur ?
C'est pour de vrais amis si douce jouissance
De se serrer la main après huit mois d'absence !
Tu dois en ressentir comme nous le besoin :
A quoi sert de s'aimer pour s'aimer de si loin ?

J'ai là près d'un bon feu, près du bureau de chêne
Où je trace ces vers, où l'étude m'enchaîne,
Une place à t'offrir, un fauteuil qui t'attend ;
Ah ! de t'y voir assis je suis déjà content !
Le soir à mon foyer tu viendras me surprendre,
Et puis nous causerons ; nous savons nous comprendre,

Nous avons l'un et l'autre inscrite au fond du cœur
La devise immortelle et sainte de l'honneur.
De généreux instincts germent dans nos deux âmes,
Et nourrissant tous deux de sympathiques flammes,
En frères, en amis, nous nous donnons la main,
Mais moi, je tiens le bas, toi, le haut du chemin;
Tu jouis du présent, bien juste récompense
Des jours laborieux, et moi j'ai l'espérance.

Mais riche d'avenir, va! je bénis le sort
Qui te fit sans écueil aborder dans le port
Et t'épargna les coups d'une chance importune.
Le travail t'a frayé la route à la fortune,
Ta richesse est le fruit d'un pénible labeur,
Le bien qu'on gagne ainsi doit paraître meilleur.
Vis donc heureux, ami, l'été, dans tes prairies,
Au sein de tes coteaux, de tes plaines chéries,
Mais quand le sombre hiver nous fait des jours moins doux,
Quand tes arbres sont nus, reste, reste avec nous :
Reviens, nous t'attendons, ramène-nous un frère.
Puis, quand d'avril doré la saison printanière

Nous rendra le soleil et les jours azurés,
Tu retourneras voir tes vallons et tes prés.
Le ciel de la patrie et le natal rivage,
Et le clocher présente après un long voyage
A celui qui revient un magique tableau :
Tu retrouveras tout plus riant et plus beau ;
Tes bois auront grandi, de tes jeunes bocages
Tu verras au retour épaissir les ombrages,
Tes prés seront chargés de verdure, et tes fleurs
Charmeront plus tes yeux de leurs mille couleurs.

Novembre 1849.

XIII

STANCES !

Oh ! dites ! sans amours, qu'est-ce donc que la vie ?
C'est un sentier maudit, c'est un jardin sans fleurs ;
C'est un ciel sans azur, une aride prairie
    Où croissent les douleurs.

Le baiser d'une amante adoucit tant de larmes !
Oh ! que je plains du cœur ceux qui n'ont pas d'amour,
Qui n'en connaissent pas les tourments et les charmes
    Qu'on subit tour à tour.

Lucile, quand ta voix harmonieuse et tendre,
En m'accueillant, me fait, de ne me point hâter,

Des reproches charmants, rien que pour les entendre
>   Qu'on voudrait mériter ;

Lorsque ma lèvre en feu presse ta bouche rose ;
Que le ciel nous sourit, moment délicieux !
Où lorsqu'à mes désirs ta main faible s'oppose,
>   Tu m'attires des yeux ;

Quand tes soyeux habits, séjour de tant de grâce,
S'ouvrent timidement pour ma félicité,
Que ton sein me reçoit, qu'entre mes bras j'enlace
>   Ta blanche nudité ;

Qu'autour de ton beau corps flottent en blonde tresse,
Dénoués par ma main, tes cheveux embaumés ;
Que tu tournes vers moi, se mourant de tendresse,
>   Tes yeux demi-fermés ;

Qu'au sein de nos serments ta voix tremblante expire,
Lorsque ton front s'incline inondé de langueur,

STANCES.

D'allégresse et d'amour quand notre âme soupire,
    Oh! voilà le bonheur!

Daigne le ciel clément écouter la prière
Qui vers lui chaque soir monte avec nos amours,
Et dans leur douce ivresse et leur fraîcheur première
    Les conserver toujours.

Et qu'il nous soit donné, pour couronner nos flammes,
Lucile, quand la mort, hélas! viendra briser
La chaîne de nos jours, d'expirer nos deux âmes
    En un dernier baiser.

Mai 1846.

XIV

FRAGMENT !

Quoi ! faner ce beau lis ! effeuiller sous mes doigts
Cette fleur de printemps qui n'éclot qu'une fois !
Quoi ! ternir le cristal limpide de cette onde
Pour lui creuser un lit où tant de trouble abonde !...
Oh ! non, ne souillons point dans leur sérénité
Les jours calmes et frais de sa virginité ;
Non, qu'elle dorme en paix ! qu'elle boive du vase
Le suc et non le fiel, l'eau pure et non la vase ;
Qu'un remords sur son front ne creuse pas de pli :
Trop d'amertume, hélas ! suit un moment d'oubli !
Oui, dans ta pureté dors, ma chaste colombe,

FRAGMENT.

Et de tes yeux divins si quelque larme tombe,
Que le bonheur soit seul la cause de tes pleurs,
Car on pleure de joie ainsi que de douleurs.

Oh ! si je le voulais, si je n'avais dans l'âme
Qu'un attachement vil, qu'une égoïste flamme,
Si je n'avais pour but qu'un coupable plaisir,
Je sais, la pauvre enfant, qu'à mon premier désir
Elle abandonnerait son foyer, son vieux père,
Pour me suivre bien loin, dans quelque coin de terre,
Où nous pourrions goûter l'ineffable bonheur ;
Et que de ce trésor qu'on appelle l'honneur,
Sans regarder combien est creux le précipice,
Son cœur sans hésiter ferait le sacrifice ;
Car dans le cœur de femme où brûle un sentiment,
Tout est baume et parfums et tout est dévouement,
Il se livre en entier sans se demander compte
De ce que son amour peut lui coûter de honte.

Mais sois tranquille, enfant. Oh ! non, je ne veux pas
Rendre pénible et dur le sentier sous tes pas ;

FRAGMENT.

Je ne veux pas couvrir d'un voile d'amertume
Ce jeune front que tant d'innocence parfume,
Je ne veux pas toucher à ce pâle jasmin
Sans qu'un prêtre de Dieu n'ait béni notre hymen.

Si je devais subir cette affreuse misère
De me voir arracher ce seul bien sur la terre,
Cette âme de mon âme et ce cœur de mon cœur;
Cette source où ma vie a puisé son bonheur,
Si je devais la voir, sans qu'elle en fût brisée
Comme une fleur qui meurt n'étant plus arrosée,
Passer entre les bras d'un autre et lui donner
Ce bonheur dont sa main devait me couronner,
Je veux que son regard aussi pur qu'une étoile
Ne se dérobe pas de honte sous le voile,
Qu'elle entre vierge et fière au seuil de son époux,...
Sans doute j'en mourrai, mais il me sera doux,
O soleil! en fermant mes yeux à ta lumière
De laisser dans son cœur une mémoire chère.
Oh! non, je ne veux pas qu'elle s'en vienne un jour,
Comme un lien fatal, maudire notre amour,

FRAGMENT.

Que cet attachement hier si plein de charmes
Soit pour elle bientôt une cause de larmes;
Qu'elle vienne à rougir si l'on parle de moi,
Et que mon souvenir soit un sujet d'effroi.
Non, non, j'enfermerai la douleur en moi-même.
Je comprends mon amour par cet effort suprême
Qui, sans aucun regret, me fait sacrifier
Tant de rêves charmants pour ne pas la souiller;
Car ce n'est pas aimer que de perdre une femme
Pour assouvir les sens, sauf à la rendre infâme !
D'autres aiment ainsi ! moi, j'aurai la fierté,
Maître d'un tel trésor, de l'avoir respecté.

Puis, quand nous aurions mis notre lèvre brûlante,
Notre bouche altérée à cette coupe ardente,
A la face de Dieu consacré nos amours
Dans un baiser immense en nous disant : Toujours !
Qu'oublieuse du monde, ô ma belle adorée !
Tu te serais à moi tout entière livrée,
Quand j'aurais entendu l'écho de mon bonheur
Comme un soupir divin tressaillir dans ton cœur,

Et puisé dans ton sein la coupe des délices
Comme l'abeille boit son miel dans les calices;
Lorsque j'aurais atteint, enlacé dans tes bras,
Le suprême degré du bonheur ici-bas!
Que dirait-on de toi? que diraient tes compagnes?
Comme la biche errante au sommet des montagnes
Que le chasseur poursuit au milieu des forêts,
Les sots et les jaloux t'accableraient de traits,
Prononceraient bien haut ce gros mot d'infamie;
L'envie est implacable! et ta plus chère amie,
Celle qui de tes yeux fit couler tant de pleurs
Quand tu passas trois nuits à veiller ses douleurs,
Qui dut sa guérison à ta sollicitude,
Payant ton dévouement en noire ingratitude,
Pour prix de tes bienfaits, des soins qu'elle te doit,
Peut-être, pauvre enfant, te montrerait au doigt.

Le monde est ainsi fait. Et pourtant cette flamme,
Ce sentiment si pur allumé dans notre âme,
Et ce rayon d'amour si mystique et si beau,
Qui brille dans nos seins comme un divin flambeau,

Qui dans la même voie, étoile tutélaire,

Voyageurs incertains, nous guide et nous éclaire,

Le désir brûlant même et cet étroit lien

Qui fait un même cœur de son cœur et du mien,

N'est-ce pas la meilleure et la plus sainte chose,

Et l'amour n'est-il pas l'autel où tout repose.

O douleur! ô pitié! honte et dérision!

O sottise de l'homme! ô profanation!

Du jour au lendemain il brise ses idoles,

Et ces fleurs dont sa main effeuilla les corolles,

Apostat de l'amour, dans son esprit mouvant,

Comme des grains de sable il les disperse au vent.

Livrez-vous donc à lui, jeunes filles et femmes,

Pour que vos noms partout soient cités comme infâmes.

Quand sur un front pâli, dans un sein agité,

Ses lèvres longuement ont bu la volupté,

A l'insulte publique il vous jette en pâture ;

Et de cette charmante et douce créature

Qui fut pour lui le ciel, la gloire, le bonheur,...

Il en rit le premier, la voue au déshonneur,

Au mépris des jaloux et des censeurs moroses,

FRAGMENT

Il la flétrit enfin, comme ces pauvres roses,
Trésors tant caressés et si vite oubliés,
Fleurs qu'on désire tant et puis qu'on foule aux piés,
Après en avoir fait un objet de délices,
Quand elles ont pour nous épuisé leurs calices,
Brillé de leur éclat et versé sur quelqu'un
Leur première fraîcheur et leur premier parfum.

Juillet 1830.

XV

A UNE JEUNE ANGLAISE

EN LUI OFFRANT L'HYMNE A LA LIBERTÉ

Lisez ces vers écrits le soir d'une bataille
Auprès du lit des morts frappés par la mitraille :
Jeunes, nous travaillons pour fonder l'avenir ;
Lisez ces vers ;... qui sait ? partout l'écueil abonde :
Si nous ne devons plus nous revoir en ce monde,
        Gardez de moi ce souvenir.

L orage gronde au loin,... adieu ! vertes campagnes,
Amour, printemps, soleil qui dore les montagnes !
Mon esquif est lancé sur des flots irrités.
Peut-être que ce chant est mon hymne dernière !

Puissent voir sans frémir la vague meurtrière
　　Ceux qui vivent à vos côtés !

Quant à vous, jeune fille, au milieu des alarmes,
Que votre regard bleu brille toujours sans larmes :
Le ciel de notre France un jour sera plus doux.
Oh ! si parfois, au sein de nos longues tempêtes,
Un rayon de bonheur vient planer sur nos têtes,
　　Que ce rayon tombe sur vous.

Mars 1848.

XVI

Sais-tu, mon ange, que la vie,
Que notre jeunesse suivie
    De tant d'espoir,
Passe comme la fleur éclose
Qui naît au matin blanche ou rose,
    Et meurt le soir.

Le ciel sème notre carrière
De douleurs, et la plus amère
    A supporter,
C'est de poursuivre en vain un rêve :
Sachons, puisque la vie est brève,
    En profiter.

Et pour rassasier notre âme,

Pour noyer dans des flots de flamme
L'ennui du jour,
Parmi les bonheurs de la terre
Aucun de ceux que l'on préfère
Ne vaut l'amour.

Est-il chose qui soit meilleure
Qu'une minute, un jour, une heure
Auprès de toi ?
Douce enfant, l'on t'aime, on t'adore,
Et les mains jointes l'on t'implore :
Sais-tu pourquoi ?

C'est que ni les fleurs les plus belles,
Ni brillants, ni roses nouvelles
N'ont ta beauté,
C'est que dans ton charmant sourire,
C'est que sur tes lèvres respire
La volupté.

Oui, j'aime ton front qui rayonne

Et les attraits qu'en ta personne
> On voit épars,
Et ta voix pleine d'harmonie,
Mon ange, et la grâce infinie
> De tes regards.

Dans tes bras ivre de caresse,
Oh! combien j'aurais d'allégresse
> A reposer!
Va, nul plaisir n'est comparable
A la douceur ineffaçable
> De ton baiser.

XVII

COMMENT L'HOMME S'AMUSE

Oh! c'est pitié vraiment comme l'homme s'amuse!
Je t'en prends à témoin, est-ce là, chaste muse,
Ce chef-d'œuvre un beau jour tombé des mains de Dieu,
Limon purifié par son souffle de feu ;
Triste dérision! quoi! c'est la créature
Qui s'ose proclamer le roi de la nature
Et se vautrant au sein de l'immoralité
Se croit prédestinée à l'immortalité.

Il est dans les forêts d'Asie et d'Amérique,

Forêts d'arbres géants nés aux feux du tropique,
Qu'à la création l'Éternel a plantés
Et que, jusqu'à ce jour, la hache a respectés,
Il est des bruits confus et des clameurs étranges ;
Écoutez, écoutez : ce sont d'affreux mélanges
De hurlements plaintifs et d'horribles accords,
De sifflements aigus à réveiller les morts,
Qui laissent deviner quels musiciens féroces
Font retentir les airs de ces notes atroces,
Effroyables concerts où serpents et lions,
Tigres et léopards ont leurs partitions.
C'est ainsi qu'en cherchant dans cet âpre parage
Une proie à calmer leur appétit sauvage,
Ils vont en préludant sur un rhythme infernal...
Paris est cent fois pire un jour de carnaval !

Minuit sonne. Le gaz, ce soleil des orgies,
Qui darde ses rayons sur les nappes rougies,
Éclaire dans la rue et sur nos boulevards
Des femmes par troupeaux sortant des lupanars.
Elles ont revêtu pour suivre la coutume

Quelques lambeaux d'étoffe arrangés en costume ;
Leur visage est masqué : car on voile au dehors
La souillure de l'âme et la laideur du corps,
Car dans ces longues nuits d'ardentes saturnales
Où l'on a dépassé les vieilles bacchanales,
Où, comme l'apostat qui dépouille sa foi,
L'homme met bas l'honneur et le respect de soi,
Où la pudeur voilée au cynisme fait place,
On n'ose en vérité se faire voir en face.

Elles ont pour pendants des masques avinés.
Dignes servants d'amour qui leur sont destinés.
La débauche est leur Dieu. Leurs bras et leur visage
Sont tout fardés de rouge ou noircis de cirage,
A se défigurer car l'homme se complaît
Comme s'il n'était pas par lui-même assez laid.

L'Opéra cependant livre enfin son entrée
A cet essaim qui monte ainsi qu'une marée.
Le temple est bien choisi, c'est justice, et le lieu
Se trouve de tous points à l'avenant du dieu.

Houleuse, empanachée, informe, la cohue,

Sur un plancher tremblant, saute, crie et se rue :

C'est comme une mêlée où tous les combattants

Font assaut de courage, et les faits éclatants

Certes ne manquent pas, tous ont leur part de gloire ;

La citerne est profonde et chacun peut y boire.

Oh ! l'orgie est obscène, écumeuse et sans frein !

Et tous en s'abordant, c'est l'éternel refrain,

Parodiant ainsi les vieux héros d'Homère,

Se jettent à la face une injure grossière.

Comme c'est grand et fier ! et quel enseignement

Utile à retirer de ce débordement !

Ah ! quand sur l'existence on gémit et l'on pleure,

Est-ce là le moyen de la rendre meilleure ?

Le poëte qui croit aux nobles passions

Doit flétrir de son vers ces dégradations

Où l'homme se ravale au-dessous de la brute

Et, pécheur endurci, s'applaudit dans sa chute.

Qu'il est triste, ô mon Dieu ! que souvent la raison
Comme un soleil éteint s'éclipse à l'horizon,
Et que notre âme soit, tant que dure la vie,
Au joug de la matière en esclave asservie.

Février 1850.

XVIII

A BÉRANGER

EN LUI FAISANT HOMMAGE D'UNE BROCHURE

J'ai bercé bien des chants de gloire,
Le front penché dans mes deux mains,
J'ai réveillé dans ma mémoire
Les gestes des plus grands humains ;
Bien souvent j'ai dit à ma muse :
Faisons l'histoire des amours ;
On souffre, on gémit, on s'abuse,
On vieillit, on aime toujours :
Et puis au chantre de Lisette
Ces chansons j'irai les offrir,

A BÉRANGER.

L'amour sera mon interprète,
Il voudra bien les accueillir.
Pour lui dont la muse si chère
A tant veillé sur notre honneur,
J'aurai quelque éloge sincère,
Des chants partis du fond du cœur.
Mais lorsque ma lyre était prête,
Prête à chanter le bon vieillard,
Avant d'aborder la retraite
Où ton esprit veille à l'écart,
Plein d'une vague inquiétude
Au premier pas je m'arrêtais :
Dois-je ainsi de sa solitude,
Me disais-je, troubler la paix ?
Avec des paroles de joie
Oserai-je aborder son seuil,
Lorsque toute gaîté se noie,
Lorsque la patrie est en deuil ?

Aujourd'hui que la France entière
S'éveille au cri de liberté,

A BÉRANGER.

Que pour nous s'ouvre une carrière
De gloire et d'immortalité,
Que les haines sont suspendues,
Que ta gaîté, que tes chansons
Peut-être nous seront rendues,
Quand les plus brillantes moissons
Seront à la saison prochaine
Le prix que nous devons avoir
De tant de labeur et de peine,
Lorsque l'avenir nous fait voir
Tous les trésors de l'espérance,
Gloire, union, paix et bonheur,
Assis aux portes de la France,
Alors s'éveillent dans mon cœur
Des chants d'amour, des chants d'ivresse :
Sans crainte je saisis mon luth
Que dore un rayon de jeunesse.
Et poursuivant un noble but,
De la liberté notre mère
Évoquant les mille bienfaits,
Sur une corde point amère

Comme toi je chante la paix.
O Béranger ! sur cet ouvrage
Si tu portes des yeux amis,
Si ton cœur en reçoit l'hommage,
Tous mes vœux seront accomplis.
Car le génie est la lumière
Qui doit nous guider en chemin :
Je suivrai bien mieux ma carrière
Si tu veux me tendre la main.

Mars 1848.

XIX

FRATERNITÉ[1]

HOMMAGE AU DÉPARTEMENT DE L'EURE.

Oui, mon cœur me le dit, oui, les hommes sont frères,
Oui, les temps sont passés des luttes meurtrières
Où nous nous égorgions pour la cause des rois ;
Dieu nous a révélé notre toute-puissance.
Peuples, n'oubliez pas que c'est par l'alliance
      Que vous consacrerez vos droits.

Honneur à notre siècle ! une éternelle gloire
Éveillera pour lui la muse de l'histoire.

---

[1] Voir la note à la fin du volume.

C'est bien ! remets à flot ton vaisseau naufragé,
France, entre à pleine voile au sein de ton domaine ;
Voici ta liberté qui chaque jour amène
      La ruine d'un préjugé.

Hélas ! toute couronne a perdu son prestige,
Chaque rameau royal se flétrit sur sa tige
Et le soleil des cours voit pâlir ses rayons.
Mais où brille la pourpre on sent moins la patrie,...
O sacre ! ô droit divin ! pompeuse duperie,
      Arrière ! place aux nations !

Fils de la femme, allons ! toute œuvre qui commence
Est pénible d'abord, notre tâche est immense,
Mais la raison pour nous agrandit son flambeau.
Travaillons, travaillons, que la moisson soit riche ;
Gardons-nous de laisser aucune terre en friche,
      L'avenir peut être si beau !

Or je me dis, voyant la marche des lumières :
Vous tomberez un jour, limites et frontières,

FRATERNITÉ.

Inutiles confins tracés par le compas.

L'homme est formé partout d'une essence divine ;

A nous, cœurs généreux, nos frères d'origine,

  Venez, ne nous séparons pas.

Venez, car l'égoïsme est chassé de notre âme,

Plus noble est le rayon qui luit et nous enflamme ;

S'aimer, s'aider, s'unir, voilà la vérité.

Colères, qui prêchez le meurtre et l'incendie,

Disparaissez enfin, haines et perfidie,

  Au nom de la Fraternité.

Terre de nos aïeux, France, flambeau du monde,

Champs que nous cultivons, soleil qui les féconde,

Dieu, qui guides nos pas vers les destins promis ;

Hommes des jours présents, et toi, sainte vieillesse,

Espoir de l'avenir, héroïque jeunesse,

  O mes frères ! ô mes amis !...

Et vous, nobles enfants de la jeune Italie,

Vous qu'un même lien à notre cause allie,

Débris régénérés de l'empire romain,

Et vous, peuples du Nord, dont l'œil muet contemple

Ces grands soulèvements qui serviront d'exemple,

    Que vous suivrez, qui sait ? demain !

Vous, tous, soyez témoins : nous voulons qu'au partage

Chacun ait sous les cieux sa part de l'héritage,

Qu'au seuil de sa maison chacun soit respecté ;

Ennemis sans pitié de toute tyrannie,

Nous saluons du cœur travail, talent, génie,

    Courage, honneur et liberté.

S'il est des factions qu'un fol espoir excite,

Nous voulons, pour sauver l'État qui périclite,

Au sein de nos foyers les éteindre à jamais,

Et tout prêts à tenter de nouvelles victoires,

Sur ce sol dont les flancs ont porté tant de gloires,

    Semer les lauriers de la paix.

Car ce n'est pas le fer qui dompte l'âme humaine :

Aujourd'hui la pensée est l'arme souveraine,

La liberté par elle éclaire l'horizon.
Si quelque chaîne encor dans le siècle où nous sommes
Peut, sans qu'on ne la brise, être imposée aux hommes,
  C'est la chaîne de la raison.

Nos frères sont partout où souffre une victime.
Tout peuple qui gémit, tout peuple qu'on opprime,
Tout mortel qu'un tyran abaisse à ses genoux,
Sans crainte de trouver des visages sévères
Qui lui disent : Allez vivre avec vos misères !
  Peut tourner ses regards vers nous.

Que Dieu soit avec toi, sainte terre de France !
Noble asile, pays d'amour et d'espérance,
Que ton sol soit fécond et tes fils triomphants !
Oh ! tu vivras toujours, glorieuse et prospère,
Dans le respect de tous comme une chaste mère
  Au sein de ses nombreux enfants.

Et toi, cité d'Évreux, toi, ville hospitalière
Où des fils de Paris ont planté leur bannière,

Salut! l'hymme de paix aura porté mon nom
Des rives de la Seine aux rivages de l'Eure :
Que ce nom ait chez toi des échos, et demeure
    Un gage de notre union.

27 mai 1848.

XX

APRÈS UNE LECTURE DE GABRIELLE

A. M. Émile Augier

Je ne veux pas mêler de nuage à ta gloire,
Ni flétrir les rameaux de ton jeune laurier ;
Je ne veux pas ternir l'éclat de ta victoire,
Car je hais la critique et n'en fais pas métier.
Je sais trop ce que coûte une œuvre à faire éclore,
Et je respecte trop ta poésie en fleurs
Pour exhaler sur elle un souffle qui déflore,
Ou jeter un peu d'ombre à ses belles couleurs.
Je ne suis pas jaloux du triomphe des autres,
On peut marcher à deux dans le même chemin ;
Quand les vers d'un ami valent mieux que les nôtres,

J'applaudis volontiers et lui serre la main.
Oui, j'applaudis ainsi que dans l'arène antique
Où brillaient les plus forts par la taille et le cœur.
Souvent demandait grâce un jouteur athlétique,
Et d'applaudissements saluait son vainqueur.
Pour moi, la muse sainte est comme une maîtresse
Que l'amant préféré chérit telle qu'elle est :
Sa blanche main, ses yeux, sa gaîté, sa jeunesse,
Et jusqu'à ses défauts, tout en elle lui plaît.
Gardons-nous de toucher à la jeune immortelle !
En ce bas monde assez d'envieux, de corbeaux,
Vampires affamés, croassent autour d'elle
Tout prêts à la saisir pour la mettre en lambeaux.

Poëte, comme toi j'adore la famille,
J'aime le soir, auprès d'un bon feu qui pétille,
Quand décembre se mire à nos ruisseaux gelés,
Voir enfants et parents en cercle rassemblés.
Là préside sans bruit l'intime et bonne joie
Qu'à ceux qu'elle a bénis la Providence envoie.
Oh ! comme je le plains, le cœur sec et cruel

Qui ne vous comprend pas, ô foyer paternel,
Chastes émotions et douces causeries
Où dorment un moment nos sombres rêveries.
C'est la danse et le chant, c'est l'enfant gracieux
Qui rit toujours, n'ayant nul penser soucieux ;
C'est le père adoré dont le front se déride,
Qui vient se reposer près du troupeau qu'il guide ;
C'est l'aïeul qui sourit en parlant du passé,
Et la mère, semblable au ramier délaissé,
Qui pleure et qui gémit quand le fils ou la fille
Quittent le saint abri du toit de la famille.
Salut, seuil paternel, où nous trouvons un port
Toujours hospitalier contre les coups du sort !

Que ne puis-je tarir le fleuve d'amertume,
Et voir enfin, après tant de neige et de brume,
Tant de pluie et d'orage et de jours inconstants,
La nature briller d'un éternel printemps ?
Le monde rajeunir et la pâle misère
Qui dort sur un lit froid et dur comme la pierre,
Partir et secouer sa robe de douleurs

En laissant parmi nous le rire au lieu des pleurs?
Je voudrais voir la joie et les fêtes sans nombre,
La gaîté, le soleil toujours et jamais l'ombre,
La femme toujours belle et le ciel toujours bleu,
La clarté du bonheur rayonnante en tout lieu,
Des roses et des fruits partout et la verdure,
Et le seuil conjugal pur de toute souillure.

Mais hélas! jusqu'au jour où les mâles accords
De l'ange du Seigneur éveilleront les morts,
Où le ciel à nos maux voulant poser un terme
Dans le sein de la mère étouffera le germe,
Où l'homme n'aura plus qu'un juge, le meilleur,
Pauvre ami, nous verrons l'éternelle douleur
De son âpre baiser flétrir ceux qu'elle touche,
Près d'un berceau d'enfant et de l'étroite couche
D'un vieillard, comme un sylphe horrible voltiger :
Le monde est ainsi fait, on n'y peut rien changer.
Va, nous aurons toujours des serpents et des ronces :
Et la séduction, ce mal que tu dénonces
Dans un vers délicat sculpté pour l'avenir,

Rien de l'humanité ne pourra le bannir.

Tout serait mieux si Dieu, dans sa bonté profonde,
Jetait un œil clément sur notre pauvre monde,
Et nous rendait l'Éden, à nous déshérités,
Condamnés à souffrir des maux immérités ;
Et si, nous rappelant notre même origine,
Misérables déchus, mais de race divine,
Nous pouvions nous unir et pour l'éternité
Entonner l'*Hosanna* de la félicité !
J'applaudirais de voir, expiant son audace,
Aux genoux du très-haut Satan demander grâce,
Et par tout l'univers, sur le vice abattu,
Au bout de six mille ans triompher la vertu.

Oh ! mais en vérité, tant que, mal assorties,
Vos unions iront heurtant les sympathies,
Tant que vous compterez pour rien ce pauvre cœur
Dont vous voulez en vain éteindre la chaleur,
O pères ! dont toujours l'imprudence est punie,
Tant que vous jetterez comme par ironie,

Étrange assortiment du laid avec le beau,
A la face d'un singe un pâle et frais roseau,
Que vous accouplerez le printemps à l'automne,
Hymen et qu'on ceindra de ta blanche couronne
Des fronts par la débauche ou l'âge dégarnis,
Tes amours dans le ciel ne seront pas bénis.

Car vous avez beau dire et vous avez beau faire,
Si vous voulez garder intact le sanctuaire,
N'en livrez pas la clef au premier imposteur.

Je sais sous notre ciel des anges de candeur
Dont le front est charmant, dont l'âme est aussi pure
Que les plus claires eaux du ruisseau qui murmure;
De limpides rayons de lumière et d'amour
Descendent de leurs yeux, brillants comme le jour:
Oh! leur chaste beauté qui pourrait la décrire?
Jeunes filles d'Éden! le mol et doux sourire
Voltige sur leur bouche aux vermeilles couleurs
Comme un zéphir de mai sur l'aubépine en fleurs;
Et peut-être, qui sait? pour quelle affreuse idole

Ces roses et ces lis ouvriront leur corolle,

Et sous quel joug cruel qu'il leur faudra souffrir,

Elles verront, hélas! leur beau printemps mourir.

Car nous défigurons la chose la plus sainte,

Et nous changeons le miel le plus doux en absinthe.

Que voyons-nous ? tantôt un homme au cœur usé,

Après avoir quinze ans largement épuisé

La coupe des plaisirs (n'ayant cessé de suivre

L'œuvre d'un débauché, ce qu'on appelle vivre),

Et triomphalement promené ses amours

Dans tous les lieux publics et tous les carrefours,

Traîne la jeune épouse et la vierge tremblante

Sur un lit encor chaud des baisers d'une amante.

Celui-ci ne la prend que sur deniers comptants,

Par grâce, après avoir marchandé bien longtemps,

Pour acquitter peut-être au prix d'un pacte infâme

Des créances de jeux ou des dettes de femme.

Celui-là, tête froide, excellent travailleur,

Très-brave homme sans doute et modèle d'honneur,
N'aura jamais pour elle une bonne parole,
Un mot qui parle au cœur, qui charme ou qui console.

Certes, je n'aime pas qu'une épouse, ce bien
Le plus cher et qui doit comme un ange gardien
Présider à la paix du foyer domestique
Se mêle au tourbillon du monde politique,
Ange de haine au lieu de modération :
Ni que d'être savante elle ait l'ambition,
Que de vers, de musique et d'art, elle s'affolle
Et nous parle de l'air des pédants de l'école ;
Mais, ô roi de la scène ! ô notre gloire ! ô toi !
Poëte, notre maître à tous, pardonne-moi,
Ton Chrysale a beau dire, il n'est pas vrai, Molière,
Que la femme, rayon d'amour et de lumière,
Que Dieu créa pour nous, chaste et sacré dépôt !
Ne soit bonne qu'à coudre et qu'à veiller au pot.

Est-ce qu'elle n'a pas aussi, la pauvre femme,
A côté de son corps, l'esprit, le cœur et l'âme

Que de soins délicats il faut entretenir ?
L'homme est le piédestal fait pour la soutenir.
La plus charmante fleur, la fleur la plus rêvée
Pour jeter ses parfums veut être cultivée,
Et malheur à celui qui, tout près du ruisseau,
La laisse dépérir sans soleil et sans eau.

Hélas ! ne jamais boire à la coupe enviée !
Laisser fuir tout en pleurs sa jeunesse oubliée !
Voir passer devant soi le spectre du bonheur,
Et n'en pouvoir un peu savourer la douceur !
Comme un rameau flétri voir tomber son doux rêve !
Ne pas toucher au fruit quand l'arbre est plein de sève !
Ne pas aimer, quand l'âme est à son plus beau jour !
Quand le cœur est vivace et déborde d'amour !

Comme l'oiseau son nid, un jour la jeune fille
Quitte son lit d'enfant, son foyer, sa famille,
Sa mère, qui seize ans a veillé son trésor
Avec autant de soins qu'un avare son or,
Qu'une pensée amère et secrète dévore,

Et qui pleure aujourd'hui, ne sachant pas encore
Si cet enfant longtemps bercée entre ses bras,
Et qui tente un chemin qu'elle ne connaît pas,
Si riante et joyeuse à l'aube matinale,
Quand elle aura jeté la robe virginale,
Loin du toit paternel est sûre de trouver
Le bonheur que pour elle on aimait à rêver.

Le monde est une mer si fertile en naufrage !
On en voit tant périr moissonnés par l'orage,
De ces beaux fruits trop tôt de leur tronc détachés,
Qui tombent avant l'heure et meurent desséchés,
Et qu'un vent de douleur dans son courant emporte
Ainsi que l'aquilon fait d'une feuille morte.

Puis la vierge d'hier, bientôt mère à son tour,
Sur un autel nouveau concentre son amour ;
Elle brise ses dieux d'autrefois, et sa mère
A côté de l'époux n'est plus qu'une étrangère.

Au banquet de famille on fait à l'inconnu

Une place d'honneur, il est le bienvenu,

Il parle et l'on se tait, en oracle on l'écoute,

Tout le monde le fête, et c'est heureux sans doute

Lorsque sa femme doit voir briller près de lui

Le bonheur dont l'éclat sur son enfance a lui,

Mais dès le lendemain, lorsque la jeune épouse,

De tendresse, d'égards et de soins si jalouse,

Au lieu d'un homme affable et toujours empressé,

Ne trouve en son mari qu'un cœur sec et glacé

Qui lui fait de l'hymen non la béatitude,

Mais un servage affreux, si dans sa solitude,

Succombant sous le poids de sa chaîne d'airain,

Elle rencontre un jour un être au front serein,

Beau comme le printemps, frais comme la jeunesse,

Non pas quelque écolier qui près d'elle s'empresse,

Et pour elle au besoin échangeant un cartel,

Affronte en son honneur le péril d'un duel,

Mais un cœur généreux, à tous faisant envie,

Et portant dignement le fardeau de la vie;

Et qu'après bien des jours d'angoisse et de combat,

De doute et de remords, comme un vaillant soldat

Qui, tout sanglant, se rend quand son arme est brisée,
Dans un torrent d'amour elle tombe épuisée :
Ah ! ne maudissons pas l'ange déchu des cieux !
Et soyons-lui plutôt miséricordieux.

Car avant de blâmer les actions des autres
Et de leur infliger un mépris insultant,
Portons sévèrement un coup d'œil sur les nôtres ;
Le plus dur est parfois le plus impénitent.

Eh bien ! levez-vous donc ! allons, jetez la pierre,
Superbes, qui croyez votre âme sans péché !
Malheureux ! en naissant comme au chêne le lierre,
Le vice originel s'est à vous attaché.

Tu ne l'ignorais pas, que sur l'étroite scène
Où le monde se meut, souffre et s'agite en vain,
Ce juste n'était point, cynique Diogène,
Que tu cherchais partout la lanterne à la main.
Tu savais bien, ô Christ ! ce que valent les hommes,
Quand ton Verbe divin leur prêchait la pitié,

Que le crime est leur lot, et que, tant que nous sommes,
Nous devons tous courber un front humilié.

Tâchons de l'alléger au lieu d'aigrir la plaie :
Aidons à relever ceux qui sont abattus ;
Comme au plus pur froment se mêle un peu d'ivraie,
Le mal attaque aussi les plus fermes vertus.
On le voit ébranler l'âme la plus hautaine
Comme le temps ronger les voûtes du saint lieu :
Chacun paie un tribut à la faiblesse humaine,
Et saint Pierre lui-même a renié son Dieu.

Février 1850.

XXI

VERS

SUR LA PREMIÈRE PAGE D'UN ALBUM

Sur ces pages blanches encor,
Descends du haut des cieux, esprit de l'harmonie ;
Laissez tomber des plis de votre robe d'or
    Une part de votre trésor,
Fils des muses, des arts, frères par le génie.

Heureux si ces frêles bijoux,
Échappés au crayon ou tombés de la plume,
Ont l'esprit délicat et les traits fins et doux,
    Madame, qu'on adore en vous
Et les charmes divins que votre front résume.

Décembre 1849.

XXII

A UNE PÉCHERESSE.

> Propter quod dico tibi : remittantur peccata
> ejus multa, quoniam dilexit multùm.
>
> Ev. sec. Lucam, c. vii, v. 47.

Quant au mont Golgotha la sainte Madeleine
Aux pieds du Christ en croix qu'elle arrosait de pleurs,
Laissait tomber à flots de son âme trop pleine
    Des trésors de douleurs,

Elle pensait sans doute à sa vie orageuse
Et bénissait celui qui, lavant tout affront,
Pour la vie éternelle et la patrie heureuse
    L'avait marquée au front ;

Qui, l'ayant rencontrée au milieu de la fange,
Ne l'avait pas maudite et détourné les yeux,
Mais, la purifiant, en avait fait un ange
  Pour le monde et les cieux.

Et toi, folâtre enfant, comme elle jeune et belle,
Comme elle abandonnée aux caprices du sort,
Au matin de tes jours pêcheresse comme elle,
  N'as-tu pas un remord

De livrer à tous vents les fleurs de ta jeunesse ?
Prends garde : toute rose est prompte à se ternir ;
L'hiver est froid, les jours vont vite, et la vieillesse
  N'est pas lente à venir.

Le printemps de la vie, hélas ! n'est qu'un vain songe !
Chaque heure qui s'écoule en emporte un lambeau ;
On se moque, on sourit,... la mort vient, et nous plonge
  Dans la nuit du tombeau.

A UNE PÉCHERESSE.

Oh ! sur ton front rêveur hier je croyais lire
Un regret, un chagrin, un nuage amassé;
Qui donc a pu, beau lis, arrêter le sourire
    Sur tes lèvres glacé ?

Quel frisson de douleur a pâli ton visage ?
Quelle épine de rose a meurtri ton sein blanc ?
Quel aquilon le fait frémir sous ton corsage
    Comme un roseau tremblant ?

En es-tu lasse enfin d'une vie agitée
Sans gloire, sans vertu, sans but, sans lendemain,
De traîner en marchant ta robe ensanglantée
    Aux ronces du chemin ?

Dieu t'a tressé pourtant une double couronne
De génie et d'amour, d'esprit et de beauté,
Et tu portes son sceau sur ton front qui rayonne
    Comme un soleil d'été.

A UNE PÉCHERESSE.

Ne les profane pas, enfant, ces dons célestes
Qui ne sont accordés qu'à de rares élus ;
Le temps qui les prendra sur ses ailes funestes
   Ne te les rendra plus.

Ne laisse pas aller ta barque à la dérive ;
L'océan de la vie est plein d'écueils obscurs,
Plus d'un va s'y briser : crois-moi, longe la rive,
   Les flots y sont plus sûrs.

Lorsque le nautonier menacé du naufrage
Se voit par la tempête assailli loin du bord,
Plutôt que de poursuivre et d'affronter l'orage,
   Il regagne le port.

Fais comme le nocher, il en est temps encore :
Le dernier jour d'avril a sonné tes vingt ans ;
Ne laisse pas ainsi se faner à l'aurore
   Les roses du printemps.

A UNE PÉCHERESSE.

La pauvre fleur des champs que nulle ombre n'abrite,
Brille et meurt aussitôt ; ton destin est pareil.
On mûrit promptement, mais on se flétrit vite
    Aux ardeurs du soleil.

Cachée au fond des bois, dans l'herbe tendre éclose,
L'obscure violette exhale au sein de l'air
Un parfum aussi doux que celui de la rose
    Que tu portais hier.

Nulle fleur ici-bas d'une aussi fraîche haleine
N'embaume nos jardins et ne charme nos sens,
Œillets, jasmins ni lis n'ont leur corolle pleine
    D'un aussi pur encens.

En parfumant le monde, humble, elle s'y dérobe,
Dans un nid de gazon, sous un ciel attiédi,
Pour ne pas exposer les saphirs de sa robe
    Aux flammes du midi.

A UNE PÉCHERESSE.

Aux regards curieux comme la violette,
Cache tes jours, mêlés de joie et de douleur;
Laisse adorer de loin à la foule muette
   Les trésors de ton cœur.

Cherche, cherche un abri, car l'heure est solennelle,
Où l'ange d'innocence assiste à ton réveil,
Et l'ange des amours y viendra de son aile
   Caresser ton sommeil.

Souveraine aujourd'hui, laisse ramper dans l'ombre
Ces flots d'adorateurs qui bordent ton chemin,
Et qui sur cette mer, si ton navire sombre,
   Te renieront demain.

Si tu veux, sainte artiste, à la gloire infinie
Sur une échelle d'or parvenir à ton tour,
Fais-toi contre le monde un rempart de génie,
   De travail et d'amour.

A UNE PÉCHERESSE.

Aime,... l'amour, enfant, relève et sanctifie
Les pauvres cœurs flétris que la fange a touchés,
Et pareil à l'encens, son feu, qui purifie,
      Lave bien des péchés.

Amour, vertu, travail, c'est là le grand mystère,
Le sentier peu connu, le secret précieux
Par qui nous arrivons à la gloire sur terre,
      Au bonheur dans les cieux.

Mai 1850.

XXIII

TRISTESSE.

Aimer !... cacher à tous comme un pieux mystère
Le nom cent fois béni de son bonheur sur terre ;
N'avoir qu'un souvenir pour calmer ses ennuis,
Qu'une image, un désir, un rêve dans ses nuits ;
Ne posséder en soi qu'un rayon, qu'une flamme
Dont l'encens purifie et nous parfume l'âme,
Suivre d'un œil jaloux un ange de candeur,
Aux doux sons de sa voix sentir battre son cœur,
S'enivrer chaque jour de l'air qu'elle respire,
Être heureux d'un regard, d'un salut, d'un sourire,
Croire qu'on a peut-être animé de ses feux
Un être jeune et chaste, objet de tant de vœux,..

Puis, sans l'avoir prévu, bientôt à tire d'ailes
Voir s'enfuir cet essaim d'illusions si belles,
S'écrouler en un jour un songe de bonheur
Si longtemps caressé ; voir enfin, ô douleur !
Quand nous la regardions déjà comme la nôtre,
Cette fleur s'effeuiller sous les baisers d'un autre,
C'est un cuisant chagrin, un horrible tourment,
C'est éprouver l'enfer après le firmament !

Oh ! bien heureux celui qui passe sa jeunesse
De festins en festins, de maîtresse en maîtresse,
Qui libre et sans souci, vivant au jour le jour,
Gaîment de fleurs en fleurs va butinant l'amour.
Son âme n'a jamais enduré le martyre
De cette jalousie affreuse qui déchire,
Son cœur à toute joie incessamment ouvert
Ne s'est pas enfermé dans un vaste désert.
Satisfait de lui-même et du monde, il dépense
Au milieu des plaisirs ses jours sans qu'il y pense,
Et sans peine bientôt ce favori du sort
Doucement de l'hymen abordera le port.

Son cœur n'a pas connu cette amère souffrance
D'avoir vu s'envoler une chère espérance,
Ses yeux ne savent pas l'amertume des pleurs ;
Jamais, cédant au poids de ses sombres douleurs,
Dans une heure de doute il n'a maudit la vie
Que dans ses doux sentiers il a toujours suivie ;
Il n'a pas souhaité jeune encor de mourir,
Car il n'a pas aimé, car aimer c'est souffrir.

XXIV

L'AVENIR

Au général E. Cavaignac

> O fragilem fortunam ! ô
> fallaces hominum spes!
>
> Cicéron.

Cavaignac, toi qu'un jour la patrie en danger
A pris pour la guider et pour la protéger,
Toi qui sus la sauver d'un immense naufrage,
Et six mois au pouvoir, aussi ferme que sage,
Après ces grands écueils et ce vaste attentat,
As rendu sain et sauf le vaisseau de l'État,
Aujourd'hui que le vent qui souffle et nous ballotte,
Est plus doux, grâce à toi ; qu'un habile pilote
Peut voguer plus à l'aise et sur des flots plus sûrs,
Que penses-tu, dis-moi, de nos destins futurs ?
Devons-nous voir bientôt cette vieille patrie

Par tant de sang versé, de misère appauvrie,
A l'abri de la paix et de la liberté
Reprendre le chemin de la prospérité?
Ah ! bénissons le ciel si, dans ce grand suffrage,
La France en s'élevant retrempe son courage,
Si le nouvel élu de ce peuple grondeur
Peut lui rendre sa joie et ses jours de splendeur.
Allons, sèche tes pleurs, pauvre pays de France,
Souris à ce rayon doré de l'espérance.

O mois de février ! ainsi, quand un matin,
Je descendis en arme à l'appel du tocsin,
J'entrevoyais déjà dans la France nouvelle
Germer les épis d'or d'une moisson plus belle ;
Mais, hélas ! que j'ai vu de nuages ternir
Mes rêves, mon espoir, ce splendide avenir !
Ces rivages que tant de verdure colore,
Cette terre féconde et ce soleil qui dore
Les plus riants coteaux, les plus riches moissons,
Ce séjour si rempli d'amour et de chansons,
A., sous la pression d'une longue tempête,

Dépouillé depuis lors sa parure de fête.

La crainte est suspendue aux toits de nos hameaux,

Et l'étranger frémit à l'aspect de nos maux ;

J'ai vu fuir de ce sol, miné par la souffrance,

La concorde et la paix, mères de l'abondance.

Oh ! que ne puis-je, armé de la force d'un Dieu,

Prêcher à tout mortel, inspirer en tout lieu,

Apôtre bienfaisant du pays où nous sommes,

L'amour, le saint amour qui doit unir les hommes !

J'effacerais du doigt toutes les vanités,

Le travail fleurirait au sein de nos cités ;

Je dirais à chacun : Garde-toi de l'envie ;

Et montrant, par de là l'horizon de la vie,

L'avenir qui peut-être à nos fils sourira,

Ami, « fais ce que dois, advienne que pourra. »

Pauvre peuple abusé, que l'envie exaspère !

Veux-tu, quand la richesse aura quitté la terre,

Vivre parmi des morts, régner sur des débris ?

J'ai vu, j'ai vu souvent tes orateurs chéris,

Héroïques soutiens des libertés communes,
T'enseigner leur morale, et du haut des tribunes,
Des prophètes du jour disciples empressés,
Te jeter par torrents leurs rêves insensés ;
Broder leur canevas des plus douces images,
Et tournant tes esprits, plus exaltés que sages,
Vers ce prisme enchanteur de l'idéalité,
Trafiquer sans pudeur de ta crédulité.
Je les ai vus, le front et le regard superbe,
Débitant avec feu leur éloquence acerbe,
Les cheveux en désordre et prenant un maintien
D'avance étudié comme un comédien,
Parsemant leurs discours d'entraves et de chaînes,
En invoquant la paix envenimer les haines,
Interrompus par toi de moments en moments,
Ivres de leur triomphe et d'applaudissements.

Or, voyant tout cela, je me suis dit, mes frères,
Que l'orgueil insensé joue avec vos misères ;
Que t'abuser ainsi ce n'était pas permis,
O peuple ! et qu'ils étaient tes plus grands ennemis

Ceux qui vont spéculant sur un peu d'influence
Que leur a pu donner un semblant d'éloquence,
Et qui, pour assouvir la soif de leur orgueil,
Promènent la terreur sur nos cités en deuil.

Oui, le spectre glacé de la pâle misère
Gît debout sur le seuil de plus d'une chaumière ;
Oui, plus d'un malheureux que visite la faim
A droit de vivre étant membre du genre humain :
Mais, crois-tu que ce soit par de fausses doctrines
Que nous pourrons jamais réparer nos ruines ?
Viens, visite avec moi ces ateliers déserts ;
Ces murs laborieux où d'immenses concerts
Sous l'archet du travail résonnaient en cadence,
Sont tous enveloppés d'un lugubre silence.
La fabrique a perdu ses échos d'autrefois,
La forge s'est éteinte et l'enclume est sans voix.
Les métaux enfouis dans le sein de la terre
Attendent pour sortir que ton bras les déterre.
Le marteau, l'instrument qui fut ton gagne-pain,
Abandonné de toi te reproche ta faim.

Et maintenant que font, pour te venir en aide,
Tes prétendus amis, et quel est leur remède?
Du trône renversé te faisant un pavois,
Ils te brûlent l'encens qu'on prodiguait aux rois.
Garde que la louange un jour ne te corrompe;
Je crains les courtisans, on te flatte, on te trompe.
Tes auteurs, en peignant l'Éden qu'ils t'ont promis,
N'ont pas encor taillé la plume de Thémis;
Ouvre leur feuille et lis : « A toi, peuple, en partage
« Les plus saintes vertus, honneur, talent, courage;
« Aux riches l'égoïsme et les vices honteux :
« Ils t'ont fait leur esclave et ton malheur vient d'eux. »
Voilà ce qu'on te dit chaque jour, à toute heure,
Ce que l'inimitié colporte en ta demeure.
Ces mensonges ont-ils près de toi libre accès?
Je ne veux pas le croire. Et, comble de forfaits!
Le poignard, instrument de meurtre et de vengeance,
A trouvé devant eux plus que de l'indulgence!

Va, l'homme est toujours l'homme : au sommet des grandeurs
Il est de purs talents, il est de nobles cœurs,

Et l'honneur que trahit la fortune jalouse
Se rencontre de même enfermé sous la blouse.
Et cependant toujours ce démon détesté
Que la démagogie en ses flancs a porté,
Qui te parle en tyran en te prenant pour maître,
Empêche par ses cris le travail de renaître,
Frère ; puis un beau jour, quand tu manques de pain,
Te pousse dans la rue, un fusil à la main.

Temps fatal à jamais ! où dans la grande ville
S'alluma le brandon de la guerre civile,
Où le soleil levant éclaira de ses feux
Le jour où des Français se déchiraient entre eux.
Alors, ô Cavaignac ! les épouses tremblantes,
Étanchant de leurs fils les blessures saignantes,
Les vieillards devancés dans la nuit du trépas,
Tous les bons citoyens transformés en soldats,
Les enfants qui peut-être allaient pleurer un père,
Les fils se dérobant aux larmes d'une mère,
Les vierges qui priaient au bruit sourd du canon,
Te vénéraient alors et bénissaient ton nom...

Se peut-il que déjà toute reconnaissance
Ait fait place en nos cœurs à tant d'indifférence?
O patrie! est-il vrai qu'au faîte parvenu
Le mérite chez toi soit toujours méconnu!

Ainsi, dans un autre âge, aux rives de la Grèce,
Miltiade, objet aussi d'amour et d'allégresse,
Non loin des champs sacrés où fleurit Marathon,
Vint mourir sur la paille aux murs d'une prison;
Et l'on vit dans Athène, où le plus grand civisme
Etait récompensé souvent par l'ostracisme,
Pour prix d'un dévouement vainement rappelé,
Aristide banni, Thémistocle exilé.

Contre toi, Cavaignac, la vengeance et l'envie
A leurs gages hier ont pris la calomnie;
Des Thersites rongés par un orgueil sans fin
Ont abreuvé ton nom de fiel et de venin;
Ah! l'estime pour toi s'accroît de leur morsure.
Ils t'osent reprocher comme une flétrissure
Jusqu'aux écrits tronqués de ton frère insulté

Et l'amour filial qu'ils n'ont pas respecté.

Peut-être on te devait une autre récompense ;

Va, la postérité, dans sa juste balance,

Estimant mieux que nous les services rendus,

T'offrira les lauriers et les hommages dus.

Tu vivras immortel, Cavaignac ; ta mémoire

Traversera le temps rayonnante de gloire ;

Les siècles à venir de leur bouclier d'or

Protégeront ton nom illustre et jeune encor,

Et nous verrons un jour la plume empoisonnée

Couverte du mépris dans l'avenir damnée.

L'avenir !... nuit profonde, où ne pouvant rien voir,

Le regard inquiet plonge avec désespoir !

Heure autrefois rapide et maintenant trop lente,

Viendras-tu rassurer cette terre dolente ?

Nous apporteras-tu les riants paradis

Qu'osent promettre encor des novateurs hardis ?

Réponds-moi, rendras-tu le repos à nos âmes,

Le commerce aux cités, le sourire à nos femmes ?

O France ! que de fois dans mes nuits sans sommeil,

Dans mes jours attristés qui n'ont plus de soleil,
Songeant à ta misère, à ta splendeur éteinte,
A l'avenir voilé de nuage et de crainte,
A ces rois dans l'exil, à ces trônes croulés,
J'ai reporté sur toi mes regards désolés !

Puisqu'un port aujourd'hui s'ouvre à nous dans l'orage,
Tâchons paisiblement de gagner le rivage.
Peut-être notre ciel sera-t-il pur et bleu ?
Ah ! respectons nos lois et laissons faire à Dieu.

Comme ces citoyens de l'Italie antique,
Après avoir aussi sauvé la république,
Venaient jouir au sein des dieux intérieurs
Des destins du pays qu'ils avaient faits meilleurs,
Cavaignac, tu verras du fond de ta retraite
La France refleurir et relever la tête,
Bénir le souvenir de ton nom vénéré
Et goûter un bonheur par tes mains préparé.

Quant à nous qui t'offrons comme un pieux hommage

De notre gratitude ici le témoignage,

Ennemi des tyrans, quel que soit leur drapeau,

Admirateur du vrai, du génie et du beau,

Comme toi nous avons une âme toute prête

A saluer la paix, à braver la tempête.

Que le pays soit libre et fort, c'est notre but.

Oh! cette liberté qui te doit son salut

Inscrira ta mémoire au fronton de son temple.

Puissent tous nos élus te prendre pour exemple,

Cavaignac, posséder un cœur aussi français,

Une âme aussi loyale, et n'oublier jamais

Qu'en ce pays, berceau de la chevalerie,

Notre vieille devise est: Honneur et patrie.

21 décembre 1848.

XXV

RÉPONSE

A UNE ACCUSATION D'ATHÉISME

Comment en vous voyant ne pas croire, madame,
  A la Divinité?
Dieu seul d'un peu de terre et d'un rayon de flamme
  Peut créer la beauté.

Seul il peut allumer sous d'humides paupières
  Deux prunelles d'azur,
Et verser tant d'attraits, de grâce et de lumières
  Sur un front aussi pur.

Seul, madame, il a pu filer les longues tresses
  De vos cheveux cendrés,

Si beaux, lorsque le soir ils flottent aux caresses
Du zéphire livrés.

Seul il a pu sculpter cette main aussi blanche
Qu'une goutte de lait,
Et jeter sur ce front, quand rêveur il se penche,
Un magique reflet.

Seul il a pu, madame, arrondir cette taille
Au flexible contour,
Et l'albâtre veiné de ce sein qui tressaille
Aux doux propos d'amour.

Seul il a pu garnir cette bouche adorable
D'un ivoire aussi fin,
Perles de l'Orient, parure inimitable
Du plus brillant écrin.

Surtout seul il a pu, dans sa miséricorde,
Vous concéder en plus

L'esprit et la bonté, ces trésors qu'il n'accorde
Qu'à ses plus chers élus.

Dieu, madame, est partout où brillent votre image
Et vos regards si doux :
Comme on aime un auteur en son plus bel ouvrage,
Nous l'adorons en vous.

Août 1830.

XXVI

REGRETS.

> Jam satis terris nivis atque diræ
> Grandinis misit pater!...
>
> Horat., od. ii, lib. 1.

Il est dans notre France, il est de belles femmes,
Il est sur nos coteaux des vins délicieux,
Des poëtes charmants pour enchanter nos âmes,
Du soleil pour nos chants, et de l'azur aux cieux.

Nos jardins sont bercés au souffle du zéphire,
Le velours de nos prés est émaillé de fleurs,

Et le ciel indulgent fit nos yeux pour sourire,
  Non pour verser des pleurs.

L'industrie et les arts ont de rares merveilles,
Nous ne gémissons pas d'un hiver éternel,
Nous avons des oiseaux, des troupeaux, des abeilles,
Des roses, et des fruits aussi doux que le miel.

Et pourtant sur nos fronts la tristesse est empreinte;
L'allégresse et les ris, gais oiseaux envolés,
Nous ont fuis, et l'espoir a fait place à la crainte
  En nos cœurs désolés.

Notre joie est partie ainsi que l'hirondelle
Qui gagne d'autres bords au souffle des hivers ;
Inconstante gaîté, reviendras-tu comme elle
Saluer le printemps et nos bocages verts ?

Triste époque, que celle où le parfum des roses
N'éveille pas dans l'âme un chant de volupté ;

Où l'on ne jette, hélas! sur les plus belles choses,
    Qu'un œil désenchanté.

Richesse et pauvreté, palais, humble chaumière,
Jeunes et vieux, hameaux, cités, tout est en deuil :
C'est qu'encore aujourd'hui l'émeute meurtrière,
Comme un spectre sanglant se dresse à chaque seuil.

On dirait que le monde est comme ivre, et chancèle,
Qu'un abîme est ouvert sous nos pas effrayés ;
Que la foudre menace, et que le sol recèle
    Un volcan sous nos piés.

Nulle part le respect! nulle part la croyance!
Nous avons tué Dieu, la pudeur et la foi!
L'orgueil, l'ambition, l'envieuse ignorance,
Emportent chaque jour un lambeau de la loi.

Muse accorte et rieuse, autrefois si fêtée,
Les dieux n'ont plus de cours, attends des jours meilleurs ;

Va chercher autre part, loin de ce monde athée,
   Des bravos et des fleurs.

Les arts, fils de la Grèce, ont perdu leur prestige,
La poésie est morte en ce siècle de fer,
Et la fleur du génie expire sur sa tige,
Comme un lis desséché par quelque vent d'enfer.

Que nous font, ô Rubens, tes immortelles toiles?
Vierges de Raphaël, qui donc est amoureux
De vos tendres regards, purs comme les étoiles
   Qui scintillent aux cieux.

Tibulle est journaliste, et n'a l'âme occupée
Que d'affaires d'État et des soucis du jour ;
Sa lyre est suspendue à côté d'une épée ;
Le temps n'est plus des vers et des soupirs d'amour.

La tempête, en passant, Muse, a brisé ton trône.
Ah! quelle âme aujourd'hui gémirait sur Didon?

REGRETS.

Qui plaindrait Atala ? Qui donc ferait l'aumône
D'une larme à Manon ?

Ce n'est plus au sujet d'un sonnet ou d'une ode
Qu'on voit se quereller les Trissotins du jour :
Fi de la poésie ! Autre temps, autre mode !
Vadius veut régler nos destins à son tour.

Rouge ou blanc, chacun d'eux a son petit système,
Dont il ne démord pas; l'un et l'autre, grand Dieu !
Plutôt que de céder, car l'envie est la même,
Mettraient la France en feu !

Oh ! qui donc pense à toi, pauvre et chère patrie ?
La fureur des partis déchire ton manteau,
Jusqu'à ce qu'un beau jour, épuisée et flétrie,
Tu sois, comme Lazare, étendue au tombeau.

Peut-être alors, ô Dieu qui protéges la France,
Quand tu verras nos fils et nos femmes en deuil,

Tu la feras sortir, après tant de souffrance,
  Plus jeune du cercueil.

Et toi, Liberté sainte, en ces jours de tempête
Où le tonnerre gronde, où l'air est tout en feu,
Que vas-tu devenir, pauvre fille inquiète,
Qui voudrais respirer sous un ciel toujours bleu ?

Ta robe doit-elle être encor de sang trempée ?
Faut-il, désespéré, mourir comme Caton ?
Et dire, en se frappant au cœur de son épée :
  Vertu, tu n'es qu'un nom !

Partout, en bas, en haut, cris de haine et de rage !
Est-ce ainsi que le Christ prêchait l'égalité ?
Sommes-nous destinés à faire encor naufrage
Sur le rocher désert de la Fraternité ?

Fils de la Liberté, nous sommes des esclaves !
Nous voguons au hasard, jouet des passions.

Ah ! ne sont-ce pas là de terribles entraves,
Que nos dissensions ?

Eh bien donc ! une fois osons briser nos chaînes,
Et courons, sur nos pas semant la charité,
Prendre à témoin le Ciel, et déposer nos haines
Sur l'autel de la Paix et de la Liberté !

3 avril 1850

XXVII

LA COURTISANE.

Non, pour ce vil métier elle n'était pas née.
A vivre chastement Dieu l'avait destinée.
Elle reçut le jour parmi des artisans.
Son père, qu'ont vieilli le chagrin et les ans,
Avait, pour l'élever au-dessus de sa sphère,
Épuisé sou par sou son modique salaire ;
Sans se douter alors que cette enfant, un jour,
Hélas ! serait pour lui perdue, et sans retour.

Quel sinistre démon, en se jetant sur elle,
Étouffa sa vertu dans sa serre cruelle,
Comme un oiseau de proie étouffe, à son réveil,
L'alouette qui chante au lever du soleil ?

LA COURTISANE.

Jamais la pauvreté, mauvaise conseillère,
Ne vint troubler le soir sa couche solitaire ;
Elle n'arrosa pas son chevet de ses pleurs,
Ne frappa point son sein, tout gonflé de douleurs ;
Sa lèvre ne but pas au vase d'amertume ;
Jamais, lorsque l'hiver, gros de neige et de brume,
Jette son manteau blanc sur la nature en deuil,
Le spectre de la faim n'apparut à son seuil,
Ne fit crier sa sœur ; et jamais la misère
Ne glaça le foyer où travaillait sa mère.
Elle n'avait qu'à suivre un sentier frais et doux,
Sa barque sillonnait une mer sans courroux,
Où, des vents périlleux la rumeur apaisée,
Rend la vertu facile et l'innocence aisée.
Et loin des bruits du monde, à l'abri de l'honneur,
Pouvant goûter en paix un modeste bonheur,
Pouvant être, à son choix, impure ou sainte femme,
Infâme ou vertueuse, elle s'est faite infâme.

Dieu qui dora son front d'un rayon de beauté,
Qui mit en son visage un air de chasteté,

Et qui dans tous ses traits a gravé son image,
Comme pour se jouer et railler son ouvrage,
La fit, créant son âme au rebours de son corps,
Aussi laide au dedans que charmante au dehors.
C'est un fruit malfaisant sous une belle écorce ;
Le dard de la vipère est caché sous l'amorce ;
La haine gît dessous ce sourire enchanteur ;
Ce front paraît honnête, et ce front est menteur.
Rien ne bat sous ce sein, aussi blanc que la neige.
O qui que vous soyez, si le Ciel vous protége,
Que jamais sa beauté ne puisse vous toucher :
Son âme est un poison, son cœur est un rocher.

A peine aux premiers jours de son adolescence,
Elle s'enfuit du seuil où quinze ans d'innocence
Sur la pente fatale auraient dû l'arrêter,
Ou la faire peut-être un moment hésiter.
Elle ne comprit pas la vie intérieure.
Elle avait en horreur cette pauvre demeure ;
Il lui fallait du luxe et des mets somptueux,
Des chevaux, des bijoux, tout l'éclat fastueux

LA COURTISANE.

D'une félicité honteuse et passagère
Qu'elle ne goûtait pas au foyer de son père ;
Si bien, qu'ayant trouvé la Fortune en chemin,
Elle ferma les yeux et lui tendit la main.

Ah ! pauvre fille, un jour nous t'entendrons maudire
Celui qui le premier, l'or en main, vint te dire :
« Oh ! laisse-moi cueillir la fleur de ta beauté,
« Ouvre-moi le trésor de ta virginité,
« Livre-moi ce sein blanc et cette bouche d'ange,
« Et je te donnerai la richesse en échange. »
Car elle vendit tout, beauté, jeunesse, amours,
Et cacha ses remords sous des flots de velours ;
Et le pied une fois sur l'échelle du vice,
Elle arriva bien vite au fond du précipice.
Rien de beau, rien de bon dans son cœur n'est resté.
Elle en a repoussé jusqu'à la charité,
Cette vertu souvent qui survit la dernière,
Qui, devant le Seigneur, vaut mieux que la prière,
Et doit suffire seule, au dernier jugement,
Pour obtenir la palme au lieu du châtiment.

Son âme est le tombeau de la piété morte.

Jamais au mendiant, grelottant à sa porte,

Qui prie à deux genoux et qui l'implore en vain,

Elle ne fit jeter les miettes de son pain.

Pas un brin de vertu n'a germé dans son âme :

Le Ciel, qui mit l'amour dans le cœur de la femme,

Comme il a sur son front imprimé la beauté,

A placé dans le sien l'insensibilité.

Elle aime qui la paie, et n'a pas d'autre chaîne.

Elle aime! Qu'ai-je dit? Dans une âme aussi vaine

Un sentiment si pur ne saurait s'allumer :

Il faut être pudique et chaste pour aimer ;

Il faut du dévoûment, croire, sentir. Elle aime !...

O profanation de l'amour! ô blasphème!

Prostituer ainsi ce mot venu du Ciel,

Qu'on soupire tout bas aux marches de l'autel :

Je t'aime! mot charmant, mystérieux et tendre,

Qu'il est doux d'exprimer et qu'il est doux d'entendre,

Qui retentit au cœur mélodieusement,

Comme l'écho divin d'un céleste instrument,

Et dans les mauvais jours où le sort nous convie,
Proscrits ou ruinés, nous fait bénir la vie!...
Non! quant à cet amant qu'avec un soin jaloux
Elle va baptisant de ce doux nom d'époux,
Elle s'attache à lui moins qu'un chien à son maître;
Son amour dure autant que l'or qui l'a fait naître.

De même qu'au milieu des sables du désert,
L'Arabe vagabond, qui campe à ciel ouvert,
Lève sa tente et part quand la source est tarie,
Et sous des cieux plus doux cherche une autre patrie,
Quand sa lèvre a vidé la coupe jusqu'au bord,
Elle met à la voile et gagne un autre port.
C'est ainsi qu'en trois ans, comme un oiseau volage,
De rameaux en rameaux, de rivage en rivage,
Cherchant un grain plus mûr, ainsi qu'un nid meilleur,
Elle a contre de l'or dix fois donné son cœur.

O jeune homme insensé, que ton destin entraîne
A te laisser charmer aux chants de la sirène,
Je te plains d'être ainsi tombé dans son filet,

Et, comme un galérien, de traîner un boulet.

Sans doute elle est charmante, et son œil étincelle;

Un peu grave et pâli, son visage recèle

Je ne sais quel trésor de grâce et de candeur

Qui fait croire à l'amour et croire à la pudeur;

Le parfum de la rose embaume son haleine,

Et comme les Troyens à l'approche d'Hélène,

Chacun, à son aspect, recule épouvanté

De voir autant de grâce avec tant de beauté.

Mais que sont, sans vertu, ces roses du visage,

Qui tomberont, hélas! au premier vent d'orage?

Qu'importent les attraits où la pudeur n'est pas?

Tu l'as vue autrefois passer de bras en bras;

Car cet ange aux yeux bleus, qui, fertile en malices,

Pour te faire marcher au gré de ses caprices,

Sait user d'un sourire ainsi que d'un bâton,

Et qui trône le soir en léger phaéton,

Jouant la grande dame, à tes côtés assise,

Si belle qu'elle soit, n'est qu'une marchandise.

Au bout de l'an, pour peu que tu saches compter,

Vois ce que ces amours te peuvent bien coûter.

LA COURTISANE.

Ah! la denrée est chère, et ta bourse en détresse
Doit te dire à combien revient chaque caresse.
Qu'avec art elle sait ménager ses faveurs!
Tout est calcul chez elle, et jusqu'à ses rigueurs.
Tu l'abordes souvent le cœur plein d'espérance,
Elle est froide, et t'accueille avec indifférence;
Car elle se possède et n'aime qu'au comptant :
C'est tant pour un sourire, et pour un baiser, tant.
Mais peut-être, trompé par cette froideur feinte,
A cet air imposant où la décence est peinte,
Tu penses qu'elle est chaste et te garde sa foi,
Et que son lit est pur... Ami, détrompe-toi.
Ces doux plaisirs d'amour qu'à toi seul on mesure,
Sa main à tes côtés les sème avec usure.
La débauche infernale habite dans son cœur.
Enfant, ta lèvre est froide et ton bras sans vigueur;
Il lui faut, sais-tu bien, ainsi qu'à Messaline,
Des gens nerveux, payant d'encolure et de mine;
Histrions et danseurs, et jusqu'à son valet,
Elle ne choisit pas, tout est bon, tout lui plaît,
Pourvu que dans leurs bras, l'œil en feu, demi-nue,

Étouffant tout respect et toute retenue,
Ouvrant un libre cours à d'infâmes désirs,
Elle se prostitue aux plus honteux plaisirs,
Jusqu'à ce qu'épuisée et sans être assouvie,
Sans s'être contentée au gré de son envie,
Les yeux morts, elle rentre, et porte à tes côtés
Un front tout blême encor de ses lubricités.

Pudeur, sainte pudeur! belle déesse antique
Qui veilles sur le seuil du foyer domestique,
Toi qu'invoquait Lucrèce, et qui naquis le jour
Où du cœur des mortels Dieu fit jaillir l'amour;
Toi qui, dans l'âge d'or, avec ta sœur Astrée,
Voyais toute la terre à tes lois consacrée,
Et qu'en ce siècle impie, où l'on s'informe plus
Des grands biens que l'on a que des grandes vertus,
Pour reposer nos yeux sur des tableaux austères,
Nous retrouvons encor au chevet de nos mères,
Du pudique hyménée épurant le flambeau,
Le visage voilé, la main sur un berceau;
Toi dont le cœur est pur comme un ciel sans nuage,

Effrayée à l'aspect de ce libertinage,

D'horreur et de dégoût tu détournas les yeux,

Et pris, oiseau craintif, ta course vers les cieux.

La malheureuse! aussi rien n'est sacré pour elle;

De l'ange malfaisant c'est le parfait modèle.

Des objets les plus saints elle se fait un jeu;

Elle rit de sa mère et ne croit pas en Dieu.

Chaque mot échappé de sa bouche de rose

Est une insulte impie à quelque grande chose.

Insensé qu'elle trompe et qui subis sa loi,

Elle n'a de respect pour elle ni pour toi;

Elle a tout profané. Ton vieux père, brave homme

Qu'autour de toi, partout, avec respect on nomme,

Qui n'eut depuis vingt ans qu'un seul but : ton bonheur,

Qu'un amour : sa famille, et qu'un culte : l'honneur,

De ses propos railleurs est devenu la proie.

Ah ! devrais-tu souffrir qu'une fille de joie,

De mots injurieux, de rires insolents,

Devant toi, toi son fils, souille ses cheveux blancs ?

Sais-tu que dans ce monde il n'est chose si pure

Qu'il ne faille plus mettre à l'abri de l'injure ?
Que rien d'autant de soins ne doit être entouré ?
Et que le nom d'un père est un dépôt sacré
Dont un fils est gardien ? et qu'on manque à soi-même,
A l'honneur, au devoir, quand on laisse un blasphème
Tomber pour le ternir, sans en punir l'auteur ?
Qui le souffre un instant n'est pas homme de cœur.
Dévore si tu veux ton immense héritage,
Laisse-toi ruiner, mais défends de l'outrage
L'honneur de ta maison, ton trésor le plus sûr,
Que tu reçus entier, que tu dois rendre pur ;
Car du nom de son père un fils est responsable ;
Car il ne suffit pas qu'un nom soit respectable,
Il faut qu'il brille encor dans toute sa clarté.
Il faut qu'il soit de tous et partout respecté !

Et toi, qu'en as-tu fait ? Une indigne maîtresse
L'a bafoué cent fois à ses moments d'ivresse.
Elle sait bien pourtant que ce rire moqueur
Retombe sur toi-même et te brise le cœur.
Toute son existence est une longue orgie.

A table, sous les murs de quelque tabagie.
Pour tuer le remords et la longueur des nuits,
Pour distraire peut-être un cœur gonflé d'ennuis,
N'as-tu pas entendu sa douce voix de femme
Avec des cris aigus hurler quelque hymne infâme ?
Est-ce pour vivre ainsi, grand Dieu ! qu'un homme est né ?
A cet accouplement étais-tu destiné ?
Eh bien ! remplis ta tâche, et bois jusqu'à la lie
Cette coupe dorée et d'absinthe remplie,
Jusqu'à l'heure prochaine où t'ayant, pauvre fou,
Fait dépenser ainsi jusqu'à ton dernier sou,
Car le verre est bientôt vide à force d'y boire,
Elle ira proclamer comme un titre de gloire,
Au jour du dénuement t'ayant abandonné,
L'honneur triste et fatal de t'avoir ruiné.

Triste vie, après tout, que la sienne ! et le vase,
Pour un peu de liqueur contient bien de la vase.
Imprudente ! où vas-tu ? prends garde, l'avenir,
Ce juge inévitable, est là pour te punir.
Jeunesse, amour, beauté, toutes ces fleurs fanées

S'effeuillent chaque jour sous le poids des années ;
Et demain, en jetant les yeux sur ton miroir,
Tu te feras horreur toi-même de te voir.
Tu voudras appeler en vain l'art à ton aide,
Aux ravages du temps il n'est pas de remède.
Quand tu verras le jour s'affaiblir à tes yeux,
Se rider ce beau front et blanchir tes cheveux,
Désespérée alors, de remords éperdue,
Ah! tu regretteras ta jeunesse perdue !
Car tu n'as pas la Foi, qui, le doigt vers le ciel,
Nous montre après la mort un bonheur éternel ;
Tu n'as pas dans ton cœur fait fleurir l'Espérance ;
Sans famille, jamais n'ayant aimé l'enfance,
Chose sainte pourtant, qui nous fait rajeunir,
Et laisse en souriant la vieillesse venir.
Alors, seule au foyer, tu pleureras dans l'ombre
Tes attraits disparus, et ces fêtes sans nombre,
Et tes amants vieillis, tout ce bonheur passé,
Sous le voile du temps promptement éclipsé.
Tu sentiras combien la douleur est amère
De se ressouvenir, dans un jour de misère,

De tant de jours heureux dépensés follement,

Et dont le souvenir est comme un châtiment.

Tu pleureras surtout ta longue flétrissure;

Car il arrive une heure où la raison plus mûre

De nos yeux dessillés déchire le bandeau,

Et ta mère couchée avant l'âge au tombeau.

Sans qu'à ton infortune une âme s'intéresse,

Sans un regard ami, sans un mot de tendresse,

Ces consolations de la vieillesse en deuil,

Tu t'achemineras toute seule au cercueil.

Ainsi tu n'auras pas cet espoir plein de charmes,

Que des amis sur toi viendront verser des larmes;

Car tu n'as jamais su compatir aux malheurs,

Jamais d'un affligé tu n'as séché les pleurs.

Et peut-être, au moment de quitter cette terre,

Sur un pauvre grabat délaissée, ô misère!

Une sœur dont souvent, dans ton impiété,

Tu raillas la touchante et sainte humilité,

Assise à ton chevet, fermera ta paupière,

Et la tombe, en s'ouvrant, te prendra tout entière!

Septembre 1850.

XXVIII

LE BONHEUR

Tu m'as, cher ange, demandé
Quel était le bonheur sur terre,
Le plus pur, le moins éphémère,
Qui pouvait nous être accordé.

Est-il dans le bruit de la gloire,
Dans un nom illustre et vanté,
Qui passe à la postérité
Et sert d'aliment à l'histoire?

Est-il dans ces monceaux d'argent
Que la fortune qui se joue,

LE BONHEUR.

Souvent, au hasard de sa roue,
Prodigue au moins intelligent?

Non, ces rêves, vaine fumée,
Ne suffisent pas au bonheur ;
Il faut d'autres trésors au cœur
Qu'un peu d'or et de renommée.

Cette source de volupté,
Cette félicité suprême,
Elle est dans ce doux mot : je t'aime,
Par nos deux bouches répété.

Elle est pour moi dans ton sourire,
Dans ton sein blanc et parfumé,
Elle est dans ton souffle embaumé
Comme l'haleine du zéphire.

Elle est dans ta chanson d'amour
Plus mélodieuse et plus pure
Que celle que Bulbul murmure

LE BONHEUR.

Dans les bois au déclin du jour

Elle est dans ta voix palpitante,
Quand, dans chacun de ces accords
Où l'âme exhale ses transports,
Mon cœur reconnaît une amante.

Elle est dans ta main, dans tes yeux,
Dans ton front qui vers moi se penche ;
Elle est dans la couronne blanche
Qui rayonne sur tes cheveux.

Lorsque, dans mes bras enlacée,
De notre amour tu m'entretiens,
Tes beaux yeux suspendus aux miens,
Ta main dans la mienne pressée ;

De nos cœurs prêts à s'embraser
Quand les battements se répondent,
Quand nos deux âmes se confondent
Dans un muet et long baiser.

LE BONHEUR.

Oh ! dis-moi, penses-tu qu'au monde
Il existe un moment plus doux,
Un mortel plus heureux que nous,
Une eau plus pure que notre onde ?

Oui, près de toi quand je m'assieds
Dans notre asile solitaire,
Toutes les clameurs de la terre
Viennent expirer à nos pieds.

Alors, qu'importe la richesse !
Qu'est-ce au prix de toi qu'un peu d'or ?
Ton cœur est mon plus cher trésor,
Ma fortune est dans ta tendresse.

Alors, qu'importe la grandeur !
Que me fait l'éclat de la gloire,
O mon ange ! si ma mémoire
Doit vivre à jamais dans ton cœur.

XXIX

LE DOUTE

> Peribit enim sapientia a sapientibus ejus, et intellectus prudentium ejus abscondetur.
>
> Isaias, cap. xxix, v. 14
>
> Ubi est litteratus? ubi legis verba ponderans? ubi doctor parvulorum?
>
> Isaias, cap. xxxiii, v. 18.

Un rayon de bonheur éclaire encor le monde,
Le soleil chaque jour de ses feux nous inonde,
L'éternelle nature a de riches couleurs,
Du miel, des fruits dorés, de l'ombrage et des fleurs.
Et cependant il est, aux jours de notre aurore,
Quand le printemps vermeil sur nos fronts brille encore,
Quand l'âge en souriant nous verse tour à tour
L'ivresse des plaisirs, l'extase de l'amour,

LE DOUTE.

Il est un jour fatal, une heure triste et sombre
Où la lumière en nous s'ensevelit dans l'ombre,
Où, comme tout à coup frappé de cécité,
L'homme dans son chemin s'arrête épouvanté :
Heure de désespoir, de douleur et de doute
Qui vient surprendre l'âme et l'anéantit toute,
Où, pauvre aveugle, hélas ! qui s'efforce de voir,
Jetant les yeux partout, cherchant à tout savoir,
Plein de mornes pensers et d'images funèbres,
L'esprit erre à tâtons au milieu des ténèbres.

Oh ! qui n'a pas sur soi vu tomber par moment
L'amer et lourd fardeau du découragement ?
Oh ! qui n'a pas subi cette heure d'amertume,
Cette nuit de nos cœurs, nuit d'orage et de brume ?
Qui n'a pas, sur la vie en pleurant tout un jour,
Douté de tout, de soi, des hommes, de l'amour,
Du passé, du futur, du néant, de Dieu même ?
Pardonne, Être éternel, pardonne ce blasphème ;
Mais dans cette ombre où tout à ses yeux est confus,
L'homme marche au hasard et ne se connaît plus.

Qui n'a pas, une fois, dans cette heure fatale,
Oubliant tout, fermant son cœur à la morale,
Au courage, à la foi, son âme à la raison,
N'apercevant que pluie et neige à l'horizon,
Trouvant le bonheur creux et l'existence acide,
Vu passer devant soi l'ombre du suicide?
Qui n'a pas, maudissant le jour infortuné
Où le ciel le fit naître au malheur condamné,
Dégoûté de ce monde où triomphe le vice,
Jugeant enfin la vie un immense supplice
Qui ne pouvait avoir qu'un terme, le trépas,
Délibéré longtemps s'il ne se tuerait pas?

Quand donc l'humanité pourra-t-elle, ô nature!
Connaître enfin le mot de ton énigme obscure,
Ce sens mystérieux qui nous fait tous rêver
Et qu'on cherche toujours sans le pouvoir trouver?
Ah! souvent, même au sein de la plus pure ivresse,
Dans l'éclat d'une fête, aux bras d'une maîtresse,
Ce doute, ce secret jeté sur notre sort,
Vient pâlir notre front comme une ombre de mort,

Du convive attristé corrompre l'allégresse,

Et de l'amant heureux fait frémir la tendresse.

Moi-même, tout le long du chemin que je suis,

Mes pas se sont déjà heurtés à mille ennuis,

Et quand j'ai par hasard vu briller sur ma voie

Comme un pâle rayon, un faible éclair de joie,

Toujours, toujours ce doute inexorable, affreux,

Comme un nuage épais a désolé mes yeux,

Toujours comme un poignard cette sombre pensée

A pénétré mon âme et l'a bouleversée.

Ah ! parfois indécis, j'ai cru que ces tableaux

Aux sinistres couleurs en mon esprit éclos

Me peignaient mal le monde et n'étaient qu'un mensonge

Comme un spectre hideux qu'on voit la nuit en songe ;

Que le bien et le mal se compensaient entre eux :

Sur des plateaux pareils je les ai mis tous deux,

Mais le mal de beaucoup emportait la balance.

J'ai vu le luxe impur insulter l'indigence ;

J'ai senti près de moi battre des cœurs de fer ;

J'ai surpris en passant plus d'un sourire amer ;

J'ai vu de faux amis gonflés de jalousie,
Souriants, et le front fardé d'hypocrisie,
La haine au cœur, offrir et serrer une main ;
La ronce et les cailloux encombrer tout chemin ;
Le désenchantement au bout de toute chose ;
La lie après le vin, l'épine sous la rose ;
Les pleurs même ternir nos plus franches gaîtés,
Et le remords debout au sein des voluptés,
Et d'un or mal acquis l'insolent étalage,
Tenir lieu de vertu, d'honneur et de courage.
J'ai vu dans leurs transports, au milieu des serments,
La trahison filtrer aux lèvres des amants ;
Le succès s'acheter au prix de l'artifice ;
L'intrigue et la faveur tenir lieu de justice ;
Le mérite souvent dans l'ombre enveloppé,
Et l'homme de tout temps ou trompeur ou trompé.
J'ai cherché la vertu, pauvre oiseau qui déserte,
Mais sous l'épais manteau dont elle est recouverte,
Heureux celui qui peut la trouver quelque part,
L'enfermer dans son cœur et s'en faire un rempart.
Car le vice est partout et parmi nous abonde

LE DOUTE.

Comme l'ivraie aux champs ; de l'échelle du monde,
De la base au sommet il garde les degrés,
Respire à pleins poumons sous les lambris dorés,
Et plus d'un malheureux que sa lèpre dévore,
Vit sans foi, sans vertu, plus misérable encore.

Ah ! que sommes-nous donc ? quelle fatalité
Nous a jetés en proie à l'infélicité ?
Pour quel but ignoré Dieu nous a-t-il fait naître ?
Comment ? à quelle source a-t-il puisé notre être ?
Depuis quand, rejetés des demeures du ciel,
Mais sentant vivre en nous un principe éternel,
Sur l'océan des jours que nul mortel ne sonde,
Voyageurs incertains, parcourons-nous le monde ?
Quand jetterons-nous l'ancre, et vers quels cieux plus doux
A travers tant d'écueils, nous acheminons-nous ?
J'ai voulu le savoir, et, patient manœuvre,
Sans trêve, nuit et jour, je me suis mis à l'œuvre.
Nul plaisir n'a distrait mes doigts laborieux.
J'ai dirigé partout mes regards curieux.
J'ai tout approfondi, l'esprit et la matière,

LE DOUTE.

La vie et le néant, la nuit et la lumière,
Tout se lie ici-bas par d'intimes rapports :
Aussi pour les saisir concentrant mes efforts,
J'ai d'un front intrépide abordé le domaine
Tortueux et sans fin de la science humaine.

De l'histoire, champ vaste aux fertiles moissons,
J'ai d'abord emprunté les fécondes leçons,
De l'univers entier j'ai fouillé les annales,
J'ai soulevé des morts les pierres sépulcrales...

Hélas ! à ma raison quel secret s'est ouvert ?
Qu'ai-je vu ? quel spectacle à mes yeux s'est offert,
Depuis que du chaos Dieu fit jaillir le monde,
Et que le genre humain, issu d'un germe immonde,
Animé d'un regard de son divin auteur,
Tomba pour le peupler des mains du créateur ?

A peine né, le fer arme la main de l'homme,
Et le premier forfait qu'il médite et consomme
Est le meurtre d'un frère, humble, doux et pieux,

Froidement égorgé par un frère envieux.

Le crime se propage, et désormais la guerre

De son linceul sanglant enveloppe la terre.

L'envie ouvre sa main toute pleine de maux,

Et l'homme se dévoue à des dieux infernaux.

Un coin de champ, un roi qu'un peuple congédie

D'un bout du monde à l'autre allument l'incendie ;

Et comme un pèlerin perdu dans les déserts,

La justice au hasard erre dans l'univers.

Aussi qu'avons-nous vu ? la vérité honnie ;

Sur des trônes impurs fleurir la tyrannie ;

Les plus mauvais desseins couronnés de succès ;

La liberté, servant de prétexte aux excès,

Complice involontaire et fatale des crimes,

Sous son char de triomphe écraser des victimes,

La vertu dans les fers et le vice au grand jour ;

Les opprimés bientôt oppresseurs à leur tour ;

Rome, de l'univers dominatrice altière,

Après avoir réduit cent trônes en poussière,

Victime de ces flots d'hommes qu'elle ébranla,

Foulée un jour aux pieds des chevaux d'Attila ;

La religion même, à son but infidèle,
Des partis frémissants épouser la quere.
Les autels tout à coup en bûchers transformés ;
Des prêtres, ô pudeur ! d'un faux zèle animés,
Offrant au Dieu de paix d'horribles sacrifices,
Au nom de ce Dieu même ordonner les supplices.
L'infatigable crime aux yeux ternes et creux
Enlace l'univers de ses replis hideux,
Et voilà six mille ans que le soleil éclaire
Les mêmes maux légués à l'enfant par le père.

En vain, pour comprimer l'essor des passions,
Pour prévenir la guerre et les dissensions,
En vain, pour assurer à chacun l'héritage
Qu'il a reçu du ciel ou des siens en partage,
L'homme un jour s'est nommé des juges de son choix,
A conclu des traités et s'est donné des lois ;
Frein impuissant ! les lois sont des appuis débiles
Qu'on renverse aisément sur leurs bases fragiles.
Les meilleures, hélas ! durent peu ; chaque édit
Est par édit contraire aussitôt contredit ;

LE DOUTE.

Il n'est pas un débat qu'une loi ne soulève ;

Toujours, partout le droit contre le droit s'élève ;

Aux révolutions aucun n'a résisté,

Que peut créer de bien cette instabilité ?

Lycurgue meurt, ses lois qu'il croyait immortelles,

Ses salutaires lois qui renfermaient en elles

La fortune de Sparte et sa prospérité,

Le secret de sa gloire et de sa liberté,

Comme des feuilles d'arbre au premier vent d'orage

Se dispersent bientôt dans un jour de naufrage.

Chaque siècle qui naît vient de codes nouveaux,

De décrets et d'édits encombrer nos cerveaux,

Et l'impassible temps, debout sur des ruines,

Entasse lois sur lois, doctrines sur doctrines.

Rien n'est vrai, rien n'est faux : toute erreur qui paraît

A pour la soutenir un défenseur tout prêt.

Comment se reconnaître ? où trouver l'évidence

Dans ce dédale obscur de la jurisprudence ?

L'un dit oui, l'autre non, et tous deux sont docteurs.

A qui donner raison de cent commentateurs

Qui du livre des lois nous embrouillent les pages

Croyant les éclaircir, pareils à ces nuages
Qui rampent tristement sous les cieux étoilés
Et cachent le soleil à nos yeux désolés.

J'ai fermé de dégoût ce livre où chaque page
Est, comme un ciel d'hiver, couverte de nuage,
Où l'esprit, abîmé dans cette obscurité,
Sans la pouvoir trouver cherche la vérité.
J'ai tourné mes regards vers un autre problème.
Ame, corps, j'ai voulu me connaître moi-même,
Savoir par quels moyens secrets et merveilleux
La lumière éclairait notre âme par nos yeux,
Quels ressorts imprimaient la vie à chaque organe,
Et de notre nature approfondir l'arcane.

Et devant mille écueils je n'ai pas reculé.
Mon cœur n'a pas frémi, ma main n'a pas tremblé;
Pour satisfaire enfin mon âme inassouvie,
J'ai cherché dans la mort le secret de la vie.

Pendant des jours entiers, le scalpel à la main,

LE DOUTE.

Je suis resté penché sur un cadavre humain ;
J'ai vu comment le sang chassé dans les artères,
Pareil à l'eau qui court et féconde les terres,
Allait porter partout la vie et la chaleur,
Et pour s'y rajeunir remontait vers le cœur.
J'ai du doigt exploré chaque nerf, chaque fibre,
L'œil, le cœur, le poumon et le larynx qui vibre,
Élastique membrane aux sonores parois
Où l'air en s'échappant y module la voix.
Je me suis demandé si cette âme qui pense,
Ce vivace foyer de notre intelligence
Qu'un souffle, une ombre, un rien éteignent sans retour,
Dans les plis du cerveau n'avait pas son séjour ?
Mais je n'ai rien trouvé qu'une inerte matière.
Ces débris, que le temps va réduire en poussière,
Ont gardé leur secret ; la mort n'a pas parlé,
Et ces organes froids ne m'ont rien révélé,
Sinon qu'un Dieu puissant, éternel et sublime,
Préside à ce grand tout que sa sagesse anime.

Oui, c'est un Dieu caché qui régit l'univers,

C'est lui qui fit la terre et les cieux et les mers,
Lui qui nous anima d'une flamme immortelle...
Mais ou siége cette âme et comment agit-elle?

Longtemps pour le savoir j'ai suivi dans son cours
Chaque école depuis Platon jusqu'à nos jours,
J'ai, pour résoudre aussi l'insoluble problème,
Patiemment creusé chaque nouveau système.
Ainsi que pour chercher au loin, sous d'autres cieux,
Les perles d'Orient, les tissus précieux,
A des flots pleins d'écueils le marchand se confie,
Sur l'océan trompeur de la philosophie,
Pour sonder l'âme humaine, en trouver le berceau,
En connaître la fin, j'ai lancé mon vaisseau.
J'ai tout interrogé, l'académie antique,
Pythagore, Descarte et l'école éclectique.
Mais, étude inutile et secours impuissants!
Ah! j'ai trouvé partout plus de mots que de sens!
Ah! serait-ce que l'âme est indéfinissable,
Et le mot de la vie une énigme introuvable!
Oui, c'est vrai, je le crois; et comme un pèlerin

LE DOUTE.

Qui s'arrête épuisé, je demeure en chemin :
Je crois que, dans nos cœurs en mettant l'espérance,
Dieu nous a condamnés à subir l'ignorance,
Et que, pour être heureux, il faut avoir en soi
L'espérance et l'amour, la prière et la foi.

Car un jour follement défier la science,
Puis, bientôt las, gémir sur son insuffisance,
Et le front incliné, du matin jusqu'au soir,
Ne jeter par dépit que cris de désespoir,
Accuser Dieu, le sort, verser des pleurs de rage,
Est-ce donc savoir vivre? est-ce donc être sage?
Est-ce là le chemin de la félicité?
Mais être humble et pieux, croire à l'éternité,
S'agenouiller souvent tout un jour sur la pierre,
Des dalles d'une église en baisant la poussière,
Élever sa prière au ciel matin et soir,
Souffrir et cependant ne pas perdre l'espoir,
Croire que le malheur aura sa récompense,
Et nous sera compté devant la Providence,
C'est éviter l'écueil, où tout front s'est heurté,

Du découragement et de la vanité.

Mais s'enivrer d'amour dans un regard de femme,
Fondre dans un baiser notre âme avec son âme,
La presser dans nos bras, voir tomber de ses yeux
Des larmes de bonheur, des pleurs délicieux,
Sentir son sein frémir sous la main qui le touche,
Respirer à longs traits l'haleine de sa bouche,
Entendre le doux son de sa voix chaque jour
Dire et redire encor des paroles d'amour,
Aimer enfin, aimer! voilà ce qui parfume
Tout ce que l'existence exhale d'amertume,
Voilà le pur rayon qui dans notre âme luit
Comme un astre éclatant dans les champs de la nuit,
Et bannit de nos seins l'anxiété du doute
Qui vient incessamment planer sur notre route.

O fraîche fleur d'Éden, amour, céleste amour,
Va consoler tous ceux qu'attriste aussi le jour,
Va, sur tes ailes d'or, porter un peu de joie
Aux cœurs comme le mien au désespoir en proie;

Montre-leur les trésors que tu peux nous offrir,

Et comme à deux la vie est douce à parcourir,

Et quel éclair d'ivresse et de bonheur rayonne

Sur les fronts que ta main de ses myrtes couronne.

Oh ! de ces cœurs brisés sois l'éternel soutien.

Amour, veille sur eux comme un ange gardien ;

Dans leur sombre chemin comme une bonne étoile

Au travers des écueils guide toujours leur voile.

Puisse et puisse le jour où tu les laisseras,

Où comme un songe vain t'échappant de leurs bras,

Tu trahiras la foi jurée à leur constance,

S'envoler avec toi toute leur existence.

Car sans amour la vie est un calice amer,

Un vase de douleurs, un abîme, une mer

Houleuse, sans étoile, où notre âme éperdue

Comme un vaisseau sans mât erre dans l'étendue.

Heureux celui qui voit jusqu'au dernier moment

De ses illusions briller l'enchantement ;

Heureux celui qui meurt, en gardant son ivresse,

Le front encor chargé des fleurs de la jeunesse,

Qui le soir d'un beau jour dans son linceul s'endort,
Emportant avec soi son bonheur dans la mort,
Comme ces rois indous dont la fortune entière,
Trésors, bijoux, réduits avec eux en poussière,
Tout ce qu'ils possédaient au monde de plus beau,
Accompagnent la cendre au séjour du tombeau.

XXX

LA TOUR

A. M. J...

Parmi les fleurs et la verdure
Que le temps n'a pu ravager,
Non loin du ruisseau qui murmure,
A l'angle de ton beau verger,
Il est une tour séculaire
Qu'une étroite fenêtre éclaire,
Vieux monument qui reste seul,
Où les souvenirs d'un autre âge,
Dont tout ici rend témoignage,
Dorment couchés dans leur linceul.

Chaque fois que je considère
Ces débris d'un temps qui n'est plus,
Je ne sais quelle idée amère
Vient troubler mes sens éperdus ;
Par ces souvenirs oppressées
Je sens s'assombrir mes pensées,
Comme à l'aspect d'un vieux fragment
Qui fut un magnifique temple,
Le voyageur qui le contemple
Reste frappé d'étonnement.

Oh ! quels abîmes de mystère
Sont creusés peut-être en ces lieux !
De quelque secret chaque pierre
Fut le témoin silencieux.
Ces voûtes aujourd'hui muettes
Ont retenti du bruit des fêtes ;
Peut-être de bien des sanglots,
De cris d'angoisse et de tristesse,
De chants d'amour et d'allégresse,
Ces murs ont été les échos.

LA TOUR.

Ce foyer radieux où brille
L'œil d'une épouse au front charmant
Qui, près du berceau de ta fille,
Veille et fredonne en l'endormant,
Ce toit de paix et d'innocence
Où s'écoule ton existence
Loin des soucis et des douleurs,
Peut-être complice d'un crime
A jadis de quelque victime
Étouffé les cris et les pleurs.

C'est là que tes ramiers fidèles,
Sous le chaume qui les reçoit,
S'en viennent reposer leurs ailes ;
Penchés sur le rebord du toit,
Au bruit du vent qui les caresse,
Ils y roucoulent leur tendresse :
Ah ! peut-être qu'en d'autres jours,
Sous ces murailles délabrées,
Non moins tendres et moins sacrées,
S'abritèrent d'autres amours !

Peut-être quelque châtelaine
Vint souvent d'un œil éperdu
Épier de loin dans la plaine
Un retour longtemps attendu ;
Peut-être, aux pieds de sa maîtresse,
Quelque amant dans un jour d'ivresse,
Devant le ciel qui les bénit,
Jurait une amour éternelle
Sur le balcon de la tourelle
Où tes colombes font leur nid.

Peut-être au pied de ces murailles,
Où fleurissent tes beaux lilas,
Que de sanglantes funérailles
Signalèrent de grands combats ;
Peut-être dans la vaste salle,
Majestueuse et colossale,
Jadis un chevalier vainqueur,
Des mains de quelque haute dame,
Doux objet d'une chaste flamme,
Reçut le prix de sa valeur.

Où sont-ils les cliquetis d'armes
Et les joûtes dans les tournois,
Les fanfares, les cris d'alarmes
Qui retentissaient autrefois ?
On n'entend plus que le silence
Résonner sous la voûte immense :
Les ans ont tout enseveli.
Hymnes d'amour, hymnes de guerre,
Comme des morts couchés sous terre
Dorment aujourd'hui dans l'oubli.

Aujourd'hui tout est morne et sombre
Autour de ces pâles débris,
Quelques figuiers poussent à l'ombre
De ces murs noircis et meurtris.
Tout passe sans laisser de trace,
Au souffle du temps tout s'efface,
Rien n'est par sa faulx respecté,
Partout il porte son ravage,
Et ta vieille tour est l'image
De notre pauvre humanité.

Ainsi, dans nos jours de jeunesse,
Parmi les festins et le bruit.
Hébé nous verse son ivresse,
L'amour comme un soleil nous luit ;
Au banquet amer de la vie
Toute volupté nous convie ;
Mais, sans avoir comblé nos vœux,
A peine nous ouvrons la bouche,
Que le temps de son doigt nous touche,
Que l'âge blanchit nos cheveux.

Du haut de cette tour antique
Se déroule avec majesté
Un panorama magnifique,
L'œil découvre un site enchanté :
Un ciel éclatant de lumière,
Des bois pleins d'ombre, une rivière
Qui se perd en mille détours,
Quelques vieux châteaux en ruines,
Des prés, des vallons, des collines
Où le pampre mûrit toujours.

Mais cette riante nature
Qu'on admire sur leurs sommets,
Ce ruisseau si doux qui murmure,
Dont l'onde ne tarit jamais,
Ces vertes et vastes prairies
Si ravissantes et fleuries,
Ces bois parcourus pas à pas
Par nous au milieu du silence,
Quand le crépuscule commence,
Toujours jeunes, ne meurent pas.

C'est en vain que l'hiver assiége
Ces prés, ces forêts et ces fleurs,
En vain sous des monceaux de neige
Se cachent leurs belles couleurs,
En vain les frimas et l'orage
Nous ravissent leur frais ombrage,
Arbres touffus, gazons épais,
Roses, lilas et primevères,
Aux tièdes lueurs printanières
Renaissent plus beaux que jamais.

Mais nous, comme la tour superbe
Qui, sous le lourd marteau du temps,
Un jour s'affaissera sous l'herbe
Comme un chêne aux coups des autans,
Nous verrons au vent des années
Toutes nos couronnes fanées
Se détacher de notre front,
Et demain la ronce et le lierre
Recouvriront l'étroite pierre
Où nos cendres reposeront.

Janvier 1831.

XXXI

LA JEUNE MÈRE.

I

Nous le savions déjà, que tout ce qui rayonne,
Tout ce qui porte au front l'éclat d'une couronne,
Couronne de génie, étoile de beauté,
Payait à l'infortune une part inégale,
Et contenait en soi, par une loi fatale,
Avec plus de splendeur, plus de fragilité.

Nous le savions déjà, que dans la vie humaine
La gloire et la beauté n'étaient qu'une ombre vaine;
Que la mort nivelait sous son pas triomphant
Tout ce qui s'élevait au-dessus du vulgaire,
Et que sa faulx aveugle, en ébranchant la terre,

Frappait, sans distinguer, le vieillard et l'enfant.

O Dieu ! c'est donc trop vrai, ni vertu, ni jeunesse,
Fronts charmants qu'on encense et que l'amour caresse,
Ne peuvent ici-bas trouver grâce à tes yeux ;
Tu prends la jeune mère avec la jeune épouse !
Est-ce là ta justice ? et ta droite jalouse
Ravit donc nos élus pour en peupler les cieux ?

Quand le froid aquilon, déchaîné par l'orage,
Se soulève, et mugit, et porte le ravage,
C'est la fleur du printemps qu'il moissonne soudain.
Il fait, comme la mort, choix des plus belles choses,
Et brise sans pitié nos jasmins et nos roses,
Qui s'épanouissaient si frais dans le jardin.

II

Ainsi, pauvre Clara, fleur qui venait d'éclore,
Toute baignée encor des larmes de l'Aurore,
Tu vis avant l'été se faner ton printemps.

Ainsi, jeune et charmante, au vent brumeux d'automne,
Tu vis de tes beaux jours s'effeuiller la couronne,
Comme la rose passe au souffle des autans.

Oh! qui nous aurait dit, quand, toute jeune fille,
Elle apportait la joie au cercle de famille
Et possédait pour sceptre un regard enchanté ;
Lorsque sa voix vibrait douce comme une lyre,
Quand sur son front brillait un éternel sourire,
Comme dans un ciel pur un beau rayon d'été ;

Quand, blanche comme un lis, comme un bouton de rose
Ravissant tous les yeux, parfumant toute chose,
Dans le monde elle entrait d'un si joyeux élan,
Qu'à la tombe, avant l'âge, elle était destinée,
Que cette tendre fleur périrait moissonnée
Comme un fruit vert encor frappé par l'ouragan.

III

Un jour, de blanc vêtue et de fleurs couronnée,

Ses blonds cheveux couverts du voile d'hyménée,
Elle entra presque enfant dans les bras d'un époux.
Heureux époux ! Plus d'un, quand la foule empressée
Admirait à l'autel la belle fiancée,
Sur ce chaste trésor portait des yeux jaloux.

Qui donc, lorsque nos vœux lui faisaient la promesse
D'un avenir doré, plein de jours et d'ivresse,
Qui donc aurait pensé que la mort fût si près ?
Et cru voir aussi tôt sa robe nuptiale
Ombrager de ses plis sa couche sépulcrale,
Et la fleur d'oranger se mêler aux cyprès ?

Comme Lia féconde, à ses fleurons d'épouse
Un autre s'ajouta dont la femme est jalouse :
A trois enfants bientôt elle donna le jour ;
Trois beaux enfants, la joie et l'orgueil d'une mère,
Vinrent réaliser une espérance chère,
Et d'un triple chaînon resserrer leur amour.

Mais elle dépensa pour eux, la jeune femme,

Ce qu'elle avait reçu de sang, de souffle et d'âme.
Pauvres petits enfants, vous ne le savez pas
Qu'elle meurt aujourd'hui d'avoir été féconde,
Qu'elle épuisait sa vie en vous mettant au monde,
Et que chacun de vous la menait au trépas.

Trois enfants ! c'était trop pour sa frêle nature.
Sa poitrine en reçut une forte blessure
Que le temps élargit au lieu de la fermer.
Son front se revêtit d'une langueur mortelle
Et son regard perdit cette vive étincelle
Dont jadis on voyait ses grands yeux s'allumer.

Elle vécut deux ans, de souffrance en souffrance,
Et jusqu'au dernier jour un rayon d'espérance
Brilla devant ses yeux comme un flambeau divin ;
Et parfois, tant sa joue était fraîche et vermeille,
Nous pensions que le Ciel ferait quelque merveille,
Et que cette lueur ne brillait pas en vain.

IV

Que n'aurions-nous donné pour sauver cette vie
A tant d'êtres chéris, à tant d'amour ravie?
Mais bientôt tous les soins devinrent superflus,
Son beau front soulevé retomba sur sa couche,
Un cri faible et plaintif s'échappa de sa bouche...
Pauvres petits enfants, vous ne la verrez plus !

Le jour où des adieux sonna l'heure cruelle,
Elle voulut tous trois vous avoir auprès d'elle,
Et tous trois sur son lit elle vous fit poser :
Elle vous embrassa de sa bouche glacée
Et vous couvrit de pleurs, comme ayant la pensée
Qu'elle vous embrassait de son dernier baiser.

Sa lèvre s'entr'ouvrait et ne pouvait rien dire ;
Et pourtant on voyait dans son divin sourire
Que le suprême instant ne tuait pas l'espoir.
Dans un dernier effort elle parla de fête,...

LA JEUNE MÈRE.

Pour la fête éternelle, hélas ! elle était prête,
Son âme s'envolait au ciel avant le soir !

Enfants qu'elle aimait tant, vous ne pouvez comprendre
Le deuil que parmi vous cette mort vient répandre ;
Vous n'avez pas souci des malheurs révolus ;
Vous riez, vous sautez autour de votre père,
Vous demandez parfois : Où donc est notre mère ?
Pauvres petits enfants, vous ne la verrez plus !

Elle est bien loin, bien loin, elle est où sont les anges,
Où des blonds séraphins résonnent les louanges,
Où Dieu réside en paix dans son éternité,
Où ne pénètrent pas les clameurs de la terre,
Où l'âme, dépouillant son écorce grossière,
Rayonne de splendeur et d'immortalité.

V

Adieu, douce colombe échappée aux orages.
Si les champs éthérés valent mieux que nos plages,

Pourquoi gémir sur toi, pourquoi verser des pleurs?
Ton exil est fini, le Ciel est ta patrie;
C'est la terre promise à toute âme qui prie,
Car le monde est ingrat et les Cieux sont meilleurs.

Novembre 1850.

XXXII.

A UNE DAME

QUI VOULUT BIEN, A MA DEMANDE, SECOURIR UN
VIEUX MAÎTRE D'ÉTUDE.

Au nom de ce pauvre homme à qui vous, noble femme,
Avez ouvert un jour les trésors de votre âme,
Qui, seul, abandonné, quand il souffrait la faim,
A reçu votre aumône et mangé votre pain ;
Au nom du Dieu qui fit de vous sa providence,
Et qui vous envoya, dans un jour de clémence,
Pour soulager les pleurs et les maux infinis
Qu'à cet homme a légués le sort, je vous bénis.

Oh ! mes vœux sont puissants ! je vous bénis ; l'aumône
Vous fait sainte, madame, et vous élève un trône
Plus noble et plus brillant que le trône des rois ;

Amour et Charité voilà votre pavois.
L'aumône peut beaucoup : elle ajoute aux plus belles
Des attraits plus touchants et des grâces nouvelles.
Dieu qui vous a donnée à ce monde, a doté
De charmes votre front, votre âme de bonté.

Vous l'avez vu cet homme ignoré, solitaire,
Enfant deshérité des biens de cette terre,
Il vous a regardée, en pressant votre main,
Comme un ange envoyé du Ciel sur son chemin ;
Vous l'avez vu, vêtu du manteau de misère,
Plus pâle et décrépit qu'un mort dans son suaire,
L'œil creux, le front livide et les doigts décharnés,
Vivant, affreux destin ! semblable à ces damnés,
A ces proscrits chassés des célestes demeures,
Qui de l'éternité doivent compter les heures
Dans le royaume sombre, errants, chargés de fers,
Que Dante Alighieri nous peint dans les enfers.

Ah ! c'est que le malheur est aussi l'esclavage !
C'est une mer sans fond, houleuse et sans rivage,

Où plus d'un misérable, hélas! vient se noyer
Loin du champ paternel et du natal foyer.

Celui-ci, qui n'a pu trouver aucune étoile
Pour guider sur les flots sa chaloupe sans voile,
Voyageur abattu, n'a pour le soutenir
Dans cet âpre chemin qu'il a peine à tenir,
Ni d'enfants, ni de sœur, ni de femme ou de père;
Pas une voix amie, et qui lui dise : Espère.
Le jour où la science, aride gagne-pain,
Son unique instrument, reste oisive en sa main.
Sa vie alors se trouve arrêtée à sa source;
Car il n'est que savant, il n'a qu'une ressource,
La science, et c'est tout; la science! trésor
Qui recèle un poison sous une écorce d'or,
Don funeste du Ciel, fruit de saveur amère
Qu'à l'arbre défendu prit Ève notre mère.
Que d'hommes en haillons gémissent incompris,
Qui vivraient bien heureux s'ils n'avaient rien appris.

Plaignons-le, plaignons-le, ce vieux maître d'étude,

Vieux avant l'âge, usé, courbé de lassitude,
Qui, dans un jour d'orage, en ce rude métier
S'est avec sa jeunesse englouti tout entier.
Bien mince est son salaire, et quand l'ouvrage chôme,
Il ne possède pas de cabane de chaume
Comme le paysan, pour s'y chauffer l'hiver,
Et s'y défendre au moins des injures de l'air,
Jusqu'à ce que des fleurs la saison reparue
Le rende à ses travaux, aux champs, à la charrue.
Non, par ce temps de glace il s'en va grelottant ;
De quelques sous de pain et de tabac content,
Il promène au hasard sa face violette
Et son corps desséché, plus maigre qu'un squelette,
N'ayant pour se couvrir, et de bas dénué,
Qu'un mauvais pantalon et qu'un manteau troué.
Ni lune ni soleil en son aride voie,
Que ne dore jamais un pur rayon de joie ;
Et puis, un jour, au bout de ce chemin fatal,
Il meurt comme Moreau sur un lit d'hôpital.

Au nom de ce pauvre homme, ah ! soyez donc bénie,

A UNE DAME.

Pour avoir, riche et belle, ainsi qu'un bon génie,
Madame, fait tomber une goutte de miel
Dans son calice plein d'amertume et de fiel,
Et qui fûtes pour lui, victime du naufrage,
L'arc-en-ciel qui sourit après un long orage.

Vous souvient-il encor de la pauvre fourmi
Qu'allait ravir la mort sans un ramier ami ?
Vous la rappelez-vous, cette bonne colombe
Qui planait, et voyant l'insecte qui succombe,
Un jour que l'ouragan avait grossi les eaux,
Lui porte un brin de paille et la sauve des flots.
Oui, vous fûtes pour lui la colombe pieuse.
Oh ! merci ! vous avez une âme généreuse,
De beaux yeux, un front pur comme un ciel clair et bleu,
Et je reconnais bien le chef-d'œuvre de Dieu.
La femme comme vous, touchante créature,
Sait nous faire aimer Dieu, la vie et la nature,
Et dans nos jours de deuil et de longues douleurs,
Peut avec un sourire essuyer bien des pleurs.

Janvier 1850.

XXXIII

DÉSIR!

Souvent à mon foyer où, loin des bruits du monde,
Silencieusement j'étudie et je sonde
  Le secret de l'humanité,
Sur lui-même mon cœur froidement se replie ;
Une ombre de douleur et de mélancolie
  Descend sur mon front attristé.

En vain j'ai demandé le repos à l'étude ;
Malgré moi, je frémis de cette solitude
  Dont je me vois environné.
Vivre ainsi, ce doit être une longue souffrance !
Pour cet isolement et cette indifférence,
  Je le sens, je ne suis pas né.

DÉSIR.

Je sens qu'à mes côtés il manque quelque chose,
Une part de moi-même, un nid où se repose
    Mon cœur, hélas! déjà brisé!
Il me faut une eau pure où je me désaltère,
Une chaste oasis, une âme hospitalière,
    Comme au pèlerin épuisé.

Jeune, je sais déjà ce que c'est que la vie,
Ce que le monde vaut, et qu'en tout temps l'envie
    L'a soulevé comme un levier;
J'ai comme un flot houleux vu bouillonner la foule,
Et je sais dans ses eaux ce que le fleuve roule
    De fange, d'or et de gravier.

De ce globe vieilli j'ai creusé le mystère;
Voyageur curieux des choses de la terre,
    J'ai vu, j'ai touché, j'ai connu;
Je n'ai trouvé partout que haine, écueil et doute;
Je suis las,... et pourtant à moitié de ma route
    Je suis loin d'être parvenu.

Dans cette anxiété mon âme erre incertaine.
Ah! tout près du sentier où je marche avec peine,
  Peut-être il est un noble cœur,
Une âme jeune et tendre, un abri sûr encore,
Où, comme le soleil sur une fraîche aurore,
  Pourrait se lever mon bonheur.

Je l'ai rêvé souvent dans mes nuits d'insomnie,
Ce foyer de bonheur, de paix et d'harmonie,
  Cet asile calme et charmant ;
Cette enfant, ce trésor, cet ange d'innocence,
Dont la chaste beauté serait ma providence,
  Dont l'œil serait mon firmament.

Car s'en aller tout seul par cette route sombre
Où le Ciel a semé plus d'ennuis et plus d'ombre
  Que de soleil et de gaîté ;
Suivre, sans qu'une voix au moins nous encourage,
Ce pénible chemin où les vents et l'orage
  Nous assaillent de tout côté ;

DÉSIR.

Se suspendre parfois à des lèvres de femme
Dont le divin regard brille au fond de notre âme
  Comme des éclairs dans la nuit ;
S'enivrer d'un amour dont souvent il ne reste,
Après l'avoir goûté, qu'un souvenir funeste
  Et qu'un remords qui nous poursuit ;

Savourer des plaisirs la coupe enchanteresse,
D'amères voluptés boire à longs traits l'ivresse,
  Et n'en conserver que dégoûts ;
Serrer avec bonheur des mains souvent trompeuses,
Voir parfois, au milieu de tant d'heures brumeuses,
  Luire quelques rayons plus doux ;

Sans doute, tout ce bruit d'une vaine existence,
A des cœurs sans vertu, sans but, sans espérance,
  Suffit pour en charmer le cours,
Sans doute quelque éclair au sein de la tempête,
Sans doute par moment l'éclat de quelque fête
  Peut égayer ces tristes jours !

Mais le soir, en rentrant au foyer solitaire,
Hélas! ne pas trouver une compagne chère
  Qui nous attende à notre seuil;
Dont l'œil à notre aspect s'illumine de joie,
Une étoile du ciel éclairant notre voie,
  Un ange qui nous fasse accueil;

Un être au front serein dont la douce parole,
Comme une voix des Cieux, nous charme et nous console
  Aux jours de doute et de douleur;
Dont l'immortel amour nous guide et nous soutienne,
Une main toujours sûre à presser dans la sienne,
  Un cœur où reposer son cœur;

Une tête vers nous qui tendrement se penche,
Une âme bien aimante où notre âme s'épanche
  Et se recueille chaque jour,
Un sein que n'a jamais fait tressaillir la haine,
Une perle sans prix, une fleur toute pleine
  De parfums, de grâce et d'amour!

DÉSIR.

Vivre ainsi sans famille! atteindre la vieillesse
Sans que d'un blond enfant l'innocente caresse,
    Sans que son sourire joyeux,
Rassérène le cœur, le ranime et l'égaie,
Sans que cette gaîté d'enfant naïve et vraie
    Déride nos fronts soucieux!

Puis arriver tout seul au terme du voyage,
Sans laisser ici-bas trace de son passage!
    Mourir sans qu'une femme en pleurs,
Qui sous l'amer fardeau de son chagrin succombe,
Vienne avec des enfants verser sur notre tombe
    Quelques larmes et quelques fleurs!

C'est une destinée où l'égoïsme abonde,
Que de vivre ainsi seul, sans que personne au monde
    Ne s'intéresse à notre sort;
Ah! mieux vaudrait jamais n'avoir vu la lumière,
Que d'engloutir ainsi son âme tout entière
    Dans les abîmes de la mort!

DÉSIR.

Fleurs, oiseaux, ici-bas tout soupire et s'assemble,
Homme et femme sont nés aussi pour vivre ensemble
   Dans le travail et dans l'amour;
Le ramier dort couché près d'une chaste épouse,
Et, moins heureux que lui, la Fortune jalouse
   M'en a privé jusqu'à ce jour.

Femme, trésor divin répandu sur la terre,
Ambroisie où des cœurs la soif se désaltère,
   Ange venu pour nous des cieux,
Seul fruit dont la saveur nous rende heureux de vivre,
Fleur dont, soir et matin, l'haleine nous enivre
   Comme un parfum délicieux,

Où donc es-tu, réponds, chaste objet de mon rêve?
Viens verser dans mon cœur un peu de cette sève
   Qui monte et déborde du tien;
Viens régner sur une âme à tes lois asservie :
Je sèmerai de fleurs le chemin de ta vie,
   Ton moindre vœu sera le mien.

DÉSIR.

La source du bonheur n'est pas encor tarie.
Viens, nous suivrons à deux une pente fleurie,
    Bercés aux brises du printemps ;
Les flots pourront alors monter sans nous atteindre,
Car, unis par l'amour, deux cœurs n'ont rien à craindre
    De la tempête et des autans.

30 janvier 1851.

XXXIV

CRÉPUSCULE.

J'aime, dans la saison brûlante,
Après les ardeurs du soleil,
   Ton front vermeil,
O Crépuscule, heure charmante
Où l'amour, la vie et les fleurs
   Semblent meilleurs.

Dans une prairie embaumée,
Qu'il est doux, au soleil couchant,
   D'aller cherchant,
Ayant au bras sa bien-aimée,
Pour l'offrir à ce cher trésor,
   Le bouton d'or.

CRÉPUSCULE.

Dans un sentier bien solitaire,
Qu'il est doux à des amoureux
De marcher deux ;
Car le soir a plus de mystère,
Et son ombre sourit toujours
A nos amours.

Zéphire aux arbres se balance,
On entend du clocher prochain
La voix d'airain,
Qui trouble seule le silence,
Et nos soupirs montent aux cieux,
Mélodieux.

Déjà la nuit étend son voile,
Et commence à brunir l'azur
De ce ciel pur ;
Et de Vénus la blonde étoile
S'en va guider au sein des flots
Les matelots.

CRÉPUSCULE.

Vénus, blanche fille de l'onde,
Qui comptais autrefois tes jours
    Par tes amours,
Salut, aimable vagabonde.
O déesse de volupté
    Et de beauté,

Écoute aujourd'hui ma prière :
Que ce soir te soit consacré,
    Astre adoré,
Astre dont la pâle lumière
Éclaira les vives ardeurs
    De tant de cœurs ;

Mets au sein de ma bien-aimée
L'espoir enivrant du plaisir,
    L'ardent désir,
Et pour toi ma lyre animée
Dira des hymnes immortels
    Sur tes autels.

« Viens donc, ô ma gentille amante ;
« Sous ces bois, loin des yeux jaloux,
    « Abritons-nous ;
« Cache ta gorge sous ta mante,
« Et mets, car l'air est frais le soir,
    « Ton voile noir.

« Ton beau pied foulera la mousse,
« Les bluets, saphirs frais éclos,
    « Et les échos,
« Charmeront de ta voix si douce,
« De ta voix plus douce que miel,
    « L'ange du ciel.

« Dans ces champs et ce frais bocage
« Chaque fleur est un encensoir ;
    « Viens nous asseoir
« Sous l'arbre à l'odorant feuillage
« Où l'oiseau que le ciel bénit
    « A fait son nid.

« Viens, c'est là que la tourterelle
« Vit avec son fidèle amant
   « Bien tendrement.
« Plus près de moi, ma chère belle,
« Il n'est de témoin en ce lieu
   « Que le bon Dieu.

« Le bon Dieu qui veut que l'on s'aime,
« Qui fit des étoiles aux cieux
   « Pour tes beaux yeux,
« Et ta bouche, ô mon bien suprême,
« Où les roses vont se poser,
   « Pour mon baiser.

« Plus riant qu'une nuit de fête,
« Ton souris me fait oublier
   « Le monde entier.
« Penche vers moi ta blonde tête,
« Et presse sur mon sein tremblant
   « Ton beau sein blanc.

CRÉPUSCULE.

« Trop rapides moments d'ivresse,
« Où tous nos tourments sont bannis,
  « Soyez bénis !
« Il n'est plus, ma jeune maîtresse,
« De sots, d'envieux, ni de fous,
  « A tes genoux. »

J'aime, dans la saison brûlante,
Après les ardeurs du soleil,
  Ton front vermeil,
O crépuscule, heure charmante,
Où l'amour, la vie et les fleurs
  Semblent meilleurs.

Décembre 1849.

XXXV

AU ROI LOUIS-PHILIPPE.

> Quomodo cecidit potens !

O roi, je n'ai jamais encensé ta puissance,
Jamais je n'ai foulé le seuil de ton palais,
Alors que ton soleil semblait à sa croissance
Et qu'à tes pieds rampait un peuple de valets.
Ta fortune, qu'alors on croyait infinie,
N'a jamais rencontré d'adorateur en moi,
Je n'ai pas de mes vers salué ton génie,
    En me prosternant devant toi.

Je ne me suis pas fait le chantre de ta gloire.
Quand l'émeute eut brisé ton sceptre par morceaux,

Pour prendre part au sac et pour crier : Victoire !

Je n'ai pas lâchement déserté tes drapeaux.

Ma lyre à des vaincus n'a pas jeté l'insulte;

Je n'ai pas renié, comme Pierre, mon Dieu ;

Je n'ai pas, de Baal pour y placer le culte,

 Profané l'autel du saint lieu.

Une divinité qui n'était pas la tienne

M'avait rempli le cœur d'un généreux amour,

Un sentiment jaloux de fierté plébéienne

Me faisait redouter ton pouvoir et ta cour :

J'aimais la Liberté ; ma craintive tendresse

Frémissait de la voir dans le palais des rois,

Comme un amant tremblant de perdre une maîtresse

 Ravie à ses yeux tant de fois.

Tout ému du passé, l'antique servitude

Du fond de son tombeau me faisait encor peur,

Je m'imaginais voir, sous un frein aussi rude,

Les peuples s'engourdir de leur vieille torpeur.

L'arbitraire criant de notre ancien royaume

M'apparaissait toujours dans un songe fatal,
Et devant mon esprit venait, comme un fantôme,
    Surgir le spectre féodal.

Enfant, j'avais formé de magnifiques rêves :
Le monde entier signait, en se donnant la main,
L'universelle paix qui remplaçait ces trêves
Faites d'hier à peine, et qu'on rompra demain.
Les nations voyaient s'éteindre leur misère
Sous des lois de justice et de fraternité,
Et le génie humain poursuivait sa carrière
    Appuyé sur la Liberté.

Pour sauver notre voile au milieu du naufrage,
Nous guidant vers un but, il m'avait semblé voir
Comme un coin de ciel bleu dans un moment d'orage,
Une étoile briller sur notre horizon noir.
Avec ses vieux ferments de haine et de souffrance,
L'ancien monde croulait sous un monde nouveau,
Et l'œil de l'étranger n'admirait plus en France
    Qu'un seul cœur et qu'un seul drapeau.

AU ROI LOUIS-PHILIPPE.

Insensé ! je croyais à la vertu des hommes !
Et qu'après tant de maux, de pleurs, de sang versé,
Pour en être arrivés au point où nous en sommes,
On saurait profiter des leçons du passé ;
Que ces grands mots d'honneur, d'amour et de justice,
De solidarité, n'étaient plus de vains mots
Dont l'âme humaine, ainsi qu'un vaste précipice,
  Laissait se perdre les échos !

Aussi, quand tout à coup tu tombas dans la lutte,
Comme un chêne puissant par l'orage emporté,
Je crus au doigt de Dieu, j'applaudis à ta chute,
J'applaudis en voyant tout un peuple ameuté
Se ruer sur ton seuil, te forcer à descendre
De la place élevée où siégeait ta grandeur,
Incendier ton trône, et faire un peu de cendre
  De tout ce qui fut ta splendeur.

Mais, ô roi ! je plaignais ton immense détresse,
Et j'admirais le jeu du bizarre destin
Qui du trône à l'exil entraînait ta vieillesse,

Et te faisait un soir semblable à ton matin.
Tu vis s'ouvrir deux fois les portes de la France :
Jeune, tu la quittas pour apprendre et souffrir,
Dans ton âme du moins nourrissant l'espérance...
    Mais aujourd'hui c'est pour mourir !

Je les plaignais surtout d'une pitié bien forte,
Ces braves jeunes gens au cœur ferme et loyal,
Que le pays aimait, que la tempête emporte,
Peut-être pour toujours, loin de leur ciel natal.
Oh ! d'un peuple d'égaux erreur deux fois grossière !
Il proscrit ses enfants, coupables de leur rang,
Et frappant à la fois les fils avec le père,
    Leur fait un crime de leur sang !

Le respect aux vaincus ennoblit la victoire.
Il fallait étouffer le cri des passions,
Et t'épargner l'affront lâche et diffamatoire,
A toi, grand naufragé des révolutions.
Ah ! de t'injurier qu'un autre ait le courage !
Mon âme est moins cruelle et s'associe aux pleurs ;

AU ROI LOUIS-PHILIPPE.

Elle sait ce qu'on doit de respect à ton âge,
    Et de pitié pour tes malheurs.

Oh! quand j'ai vu tomber tant d'affronts sur ta joue,
De méprisables nains te vouer au mépris,
Et des flots d'intrigants te salir de leur boue,
Et de lâches clameurs poursuivre des proscrits,
Alors j'ai comme toi ressenti ton injure,
J'ai gémi, j'ai souffert de ton affliction,
Tout mon cœur a saigné de la même blessure
    Et bondi d'indignation !

J'ai vu des écrivains comblés de tes largesses
Se jeter les premiers aux genoux des vainqueurs,
Au lion déchaîné prodiguer leurs caresses,
Et pour faire sans doute oublier tes faveurs,
Te lancer l'anathème ; et de la même plume
Qui ne tarissait pas en éloges sur toi,
Distiller sur ton nom la bave et l'amertume,
    Pour courtiser le peuple-roi !

Ni les rides du front, ni les glaces de l'âge,
Ne les ont retenus dans ce honteux labeur :
L'un a d'un vil crayon bafoué ton visage,
L'autre a calomnié ton esprit et ton cœur.
Ah ! pourtant cet aspect d'une grande misère
Contre un banal affront devrait être un rempart;
Ah ! l'on devrait songer aux cheveux blancs d'un père,
  Avant d'insulter un vieillard !

Honte, honte éternelle à ces basses natures,
Ces Judas, par l'espoir du gain seul alléchés,
Ces faiseurs de pamphlets et de caricatures,
Dont le cœur et la main de venin sont tachés !
Oh ! quel isolement le jour de la tempête !
Que de cœurs mis à nu ! que de serments trahis !
Que de masques tombés ! et comme un front honnête
  A dû rougir pour son pays !

Sans doute il était bien, lorsque le diadème,
Sans nuage et sans ombre étincelait au jour,
Lorsqu'un brillant despote, enivré de lui-même,

Comme un dieu dans son temple, adoré dans sa cour,
Faisait un attentat de toute remontrance,
Dictait au parlement sa volonté pour loi,
Et, le fouet à la main, domptait sa résistance,
   En s'écriant : L'État, c'est moi ;

Quand Versailles naissant menait la France en laisse,
Quand le pays ployait sous une seule main,
Comme un homme chargé qu'un poids trop lourd affaisse
Qui, tout courbé, poursuit jusqu'au bout son chemin ;
Quand un maître voyait ramper sous sa baguette,
Ainsi qu'un vil troupeau, des flots de courtisans ;
Qu'un peuple, dont la bouche était encor muette,
   Gémissait d'impôts écrasants ;

Lorsque, pour satisfaire un caprice de femme,
Cent mille citoyens, au mépris des édits,
Chassés de leurs foyers par un arrêt infâme,
Allaient à l'étranger porter leurs dieux proscrits ;
Lorsqu'errant au hasard sous un ciel sans étoiles,
Le vaisseau de l'État, en tous sens ballotté,

Craquait et menaçait de couler bas sous voiles,
    Comme un navire démâté ;

Qu'un roi laissait tomber sa couronne en quenouille,
Au sein des voluptés coulait des jours flétris,
Et d'un sceptre avili partageait la dépouille
Entre une courtisane et quelques favoris ;
Que la honte et la peur, l'envie et l'ignorance,
Gouvernaient sous les yeux du pays indigné,
Et se donnaient la main sur ce trône de France
    Où tant de gloire avait régné !

Alors il était bien de crier au scandale,
De réveiller un peuple endormi sur ses droits,
Du chaos du pouvoir de fouiller le dédale,
De dévoiler la plaie et d'y mettre les doigts ;
Il était bien alors, qu'au milieu du silence
Une voix s'élevât au nom de la raison,
Que la justice mît son poids dans la balance,
    Que le jour perçât l'horizon ;

AU ROI LOUIS-PHILIPPE.

Il était bien alors de frapper sans faiblesse
Ce vieil amas d'abus par l'usage imposés ;
De passer au creuset, sacerdoce, noblesse,
Royauté, parlement, ces rouages usés ;
De regarder en face et de braver l'idole,
De protester auprès des martyrs expirants,
Et de prophétiser comme Savonarole
    La fin prochaine des tyrans !

Alors la tyrannie était forte et terrible,
La bastille était là, quelquefois le bourreau,
La mort ou la prison plus sombre et plus horrible,
Où l'on entrait vivant dans la nuit du tombeau !
Voltaire, jeune encore, en reçut le baptême,
Et quinze mois forcés de méditations
Lui firent à grands coups saper ce vieux système
    D'arbitraire et d'oppressions.

Peut-être il était bien, lorsque roi sans prestige,
Entouré d'ennemis, d'abîmes, de complots,
Tu luttais sans succès contre un peuple en vertige,

Pilote harassé de la fureur des flots,
D'un trône chancelant de hâter la ruine,
D'arracher à ton sceptre un reste d'oripeau,
Aux balles des soldats en offrant sa poitrine
   Pour le triomphe d'un drapeau !

Mais, aujourd'hui, poursuivre un ennemi sans armes,
Harceler un vaisseau brisé sur un écueil,
Ne point prendre en pitié la douleur et les larmes
D'une épouse éplorée et d'une mère en deuil !
Ah ! c'est tacher l'éclat de dix siècles de gloire !
C'est perdre son renom de générosité !
C'est s'attirer l'opprobre et salir son histoire !
   C'est faire acte de lâcheté !

Quand le coursier fougueux dont l'épaisse crinière,
Comme un drapeau flottant ondoyait au soleil,
Tombe dans la mêlée, ardente et meurtrière,
Tout sanglant, et s'endort de l'éternel sommeil,
Les bandes de corbeaux et les oiseaux de proie,
Qui s'enfuyaient au bruit de ses hennissements,

Fondent sur le cadavre avec des cris de joie
  Et n'en font que des ossements.

Ainsi, quand tu tombas abîmé par l'orage,
Tout un flot de méchants, de traîtres, de jaloux,
S'agitait, écumait, comme dans un naufrage
Autour d'un mât brisé des vagues en courroux ;
Ils se sont abattus sur ta royauté morte
Plus acharnés cent fois qu'un essaim de corbeaux,
Et tous, comme des chiens que la rage transporte,
  En ont arraché des lambeaux.

O roi ! tu l'as vidé le vase d'amertume !
Ton glaive s'est usé contre les factions !
Tu sais quels tourbillons de haines et d'écume
Soulève l'ouragan des révolutions.
Tu sais combien alors l'intrigue se démène,
Combien l'ambition se consume en efforts !...
Vivant, n'espère rien de la justice humaine,
  Elle ne se rend qu'à des morts !

Va, c'est le sort commun. L'homme est comme la pierre
A qui les siècles seuls donnent quelque valeur ;
Il faut aux monuments de la mousse et du lierre
Pour faire tressaillir l'âme du voyageur ;
Ce vieux marbre ébréché, tout couvert de souillures,
N'en paraît à nos yeux que plus saint et plus beau ;
Il faut qu'il ait du temps essuyé les injures ;
  Il faut à l'homme le tombeau !

Jusqu'à ta dernière heure, attendons en silence
Que le juste avenir se prononce sur toi,
Que la postérité pèse dans sa balance
La conduite de l'homme et les actes du roi ;
Quel qu'il soit, son arrêt ne sera pas sévère :
Tu fus clément aux jours de ta prospérité ;
Le bien que voulus et que tu n'as pu faire
  Te vaudra dans l'éternité.

Juin 1848.

XXXVI

LA CHUTE

Vois-tu comme le vent d'hiver
Se soulève et souffle avec rage,
Comme le temps est gros d'orage :
Malheur à ceux qui sont en mer !
Au ciel pas d'étoile qui brille
Pour les éclairer en chemin,
Pas d'espoir pour le lendemain,...
Où vas-tu, pauvre jeune fille ?

Vois quelle solitude aux champs ;
Comme l'arbre battu se penche,

Vois comme l'oiseau sur la branche
De tristesse a cessé ses chants ;
Sous l'ombrage de la charmille
Le doux ramier comme aux beaux jours
Ne roucoule plus ses amours,...
Où vas-tu, pauvre jeune fille ?

Eh quoi ! pauvre oiseau fugitif,
Trouveras-tu dans la tempête
Un nid pour abriter ta tête,
Pour reposer ton vol craintif?
Ne vois-tu pas que tout vacille,
Que l'Océan est en courroux,
Que tout s'écroule autour de nous ?...
Où vas-tu, pauvre jeune fille ?

Eh quoi ! tu peux flétrir ainsi
Ta belle robe d'innocence !
Dans cette voie où l'on t'encense
Croissent la ronce et le souci.
La coupe que tu tiens distille

LA CHUTE.

Des parfums imprégnés de fiel,
Des poisons sous un peu de miel...
Où vas-tu, pauvre jeune fille ?

Comme la frêle fleur des champs,
Comme l'herbe de la prairie,
Comme la rose qu'a fleurie
Le premier rayon du printemps,
Tombent bientôt sous la faucille,
Au tranchant de la volupté
Ton cœur livre sa pureté...
Où vas-tu, pauvre jeune fille ?

Quoi ! pâle rose du vallon,
Tu vas respirer cette fange,
Tu vas souiller tes ailes d'ange
Dans cette eau noire de limon.
Le triste remords y fourmille,
Ah ! pour quelques fragiles fleurs,
Combien tu t'apprêtes de pleurs...
Où vas-tu, pauvre jeune fille ?

Tu brillais au milieu de nous
Comme un lis entre les épines ;
Ah ! sur la pente où tu t'inclines,
Tu te meurtriras aux cailloux !
Ton regard si beau qui scintille
Comme une étoile dans les cieux,
Perdra son sourire joyeux...
Où vas-tu, pauvre jeune fille ?

Où donc est-il ce temps si pur ?
Où sont-ils ces jours d'innocence,
Ces jours de ton adolescence
Qu'éclairait un beau ciel d'azur ?
Où, si rieuse et si gentille,
Tu n'avais d'amour dans le cœur
Que pour ta mère et pour ta sœur ?...
Où vas-tu, pauvre jeune fille ?

Douce enfant au front virginal,
Fraîche comme une fraîche aurore,
Alors tu ne rêvais encore

LA CHUTE.

Qu'aux fleurs que tu mettrais au bal,
Qu'à ta toilette et qu'au quadrille
Que tu devais danser le soir,
Et rien n'attristait ton œil noir...
Où vas-tu, pauvre jeune fille ?

Un chaste rayon de pudeur
Encadrait ton front, mon pauvre ange,
Tes plaisirs étaient sans mélange,
Ta coupe n'avait pas d'aigreur ;
Quand tes doigts maniaient l'aiguille
Ou couraient sur le clavecin,
Nul regret n'agitait ton sein...
Où vas-tu, pauvre jeune fille ?

Ton âme était un pur miroir.
Comme l'oiseau sous la feuillée
Tu chantais à peine éveillée,
Et lorsque tu sortais le soir,
Le corps serré dans ta mantille,
Au moindre regard curieux,

Timide tu baissais les yeux...
Où vas-tu, pauvre jeune fille?

Hélas! comment as-tu quitté,
Pour une existence éphémère,
Cette vie auprès de ta mère,
Le bonheur pour la volupté?
On t'adorait dans la famille :
Ingrate, penses-tu qu'ailleurs
Tu trouveras des cœurs meilleurs?...
Où vas-tu, pauvre jeune fille?

En toi brillaient grâce, beauté,
Fleurs de printemps à peine écloses,
Comme un essaim de fraîches roses
Émaille un parterre enchanté.
Hélas! hélas! ta main gaspille
Tous ces dons que Dieu t'avait faits,
Parfums d'amour, candeur, attraits...
Où vas-tu, pauvre jeune fille?

LA CHUTE.

Quand l'ouragan sévit soudain,
Adieu toutes les fleurs nouvelles,
Lilas, jasmins, roses si belles,
Ces frais ornements du jardin
Qu'en tous sens l'orage éparpille ;
Quand l'âme a vendu son amour,
O bonheur ! adieu sans retour !...
Où vas-tu, pauvre jeune fille ?

XXXVII

SUR LA MORT DU GÉNÉRAL NÉGRIER [1]

TUÉ SUR LA PLACE DE LA BASTILLE LE 25 JUIN 1848

Quand le printemps en fleur étend sur la nature
Son manteau de rubis, d'azur et de verdure,
Que l'air se purifie à de plus chauds rayons,
Quand l'oiseau se balance aux fleurs des aubépines,
Que le pampre mûrit au penchant des collines
  Et que l'épi sort des sillons,

Prés, ruisseaux et forêts, et la nature entière,
Et les mers, et les cieux inondés de lumière,
Ont bien vite oublié l'hiver et ses rigueurs,
Ses longs mois de brouillard, de glace et de tempête ;
Tout s'égaie, et sourit, et prend un air de fête,
Et le deuil disparaît sous des monceaux de fleurs.

1. Voir la deuxième note à la fin du volume.

SUR LA MORT DU GÉNÉRAL NÉGRIER.

Ces plaines que six mois les neiges ont couvertes,
N'en revêtent pas moins leurs belles robes vertes ;
Le bluet dans les blés revient parer les champs,
Et, sur la branche d'arbre où le froid et la grêle
Ont peut-être tué sa mère, Philomèle
      N'en murmure pas moins ses chants.

Ainsi, quand s'est calmé l'ouragan populaire,
Quand, lassée ou vaincue, a fini par se taire
Et dormir pour un temps l'hydre des factions,
Le sourire renaît aux lèvres de la foule,
Qui passe insoucieuse, et d'un pied distrait foule
La cendre chaude encor des révolutions.

Deux ans sont écoulés depuis ces jours funèbres
De ruine et de mort, où, parmi les ténèbres,
Luisait la baïonnette aux sinistres rayons ;
Depuis que les boulets, ainsi que des charrues,
Labouraient nos maisons et creusaient par les rues
      De larges et sanglants sillons.

SUR LA MORT DU GÉNÉRAL NÉGRIER.

Deux ans sont écoulés depuis ces jours d'orage
Où la France, un moment à deux doigts du naufrage,
Vit ses propres enfants se déchirer entre eux ;
Où Paris retentit d'un tumulte de guerre,
Où l'émeute éclata comme un coup de tonnerre,
A la lueur rapide, aux effets désastreux.

Ah ! d'un sombre passé ne levons pas le voile.
L'espérance est à nous : suivons de l'œil l'étoile
Qui guide notre marche aux champs de l'avenir ;
De nos ressentiments ne touchons pas les cordes,
Étouffons la rancune, et des vieilles discordes
   N'éveillons pas le souvenir.

Comme des matelots sur le pont du navire,
Lorsqu'aux vents furieux la voile se déchire,
Et que le bâtiment de toute part fait eau,
Veillons et gardons bien que le mât ne se rompe,
Soyons au gouvernail, à la proue, à la pompe,
Unissons nos efforts et sauvons le vaisseau.

Mais qu'il me soit permis, à cet anniversaire,

De faire résonner la lyre funéraire,

D'évoquer aujourd'hui cette date de deuil,

D'adoucir par des chants la plaie encor saignante,

Et de laisser tomber une larme poignante

  Pour en arroser un cercueil.

O Négrier, ta mort est de celles qu'on pleure !

C'est un malheur public, et peut-être, à cette heure,

Plus d'un sur ton trépas gémit ainsi que moi.

C'est qu'il est des succès pires qu'une déroute,

C'est que l'émeute impie a brisé sur sa route

 Bien des cœurs généreux et braves comme toi.

Ah ! nous avons payé chèrement la victoire !

Que de sang précieux en trois jours a pu boire

Ce monstre au regard creux, vorace et sans pitié,

L'émeute, qui, sortant des bas-fonds populaires,

Broie en passant les lois, les trônes séculaires,

  La patrie et Dieu sous son pié.

SUR LA MORT DU GÉNÉRAL NÉGRIER.

Oh ! s'il était tombé sur un champ de bataille,
Frappé par l'étranger d'un éclat de mitraille,
En léguant au pays, comme Épaminondas,
Quelque insigne triomphe, une fille immortelle,
Au front ceint de lauriers, si splendide et si belle,
Qu'elle eût par son éclat compensé ce trépas,

Alors nous n'aurions eu que des chants d'allégresse,
Au lieu de ces sanglots d'indicible tristesse ;
Alors nous n'aurions pas à déplorer son sort ;
Les larmes que sur lui nos yeux auraient versées
N'auraient pas réveillé tant d'amères pensées,
   Chacun eût envié sa mort.

Car c'est un sort illustre, et digne qu'on l'envie,
De tomber triomphant et de perdre la vie
En couvrant de son corps la patrie en danger ;
Mais périr dans un jour de lutte fratricide,
Atteint par une main inconnue et perfide,
Ah ! c'est chose fatale et navrante à songer !

SUR LA MORT DU GÉNÉRAL NÉGRIER.

Oh ! qui donc aurait dit, quand, vaillant capitaine,
Il guidait nos soldats sur la plage africaine,
Quand notre gloire avait son sabre pour soutien,
Quand son nom s'inscrivait aux murs de Constantine,
Qu'un jour il reviendrait présenter sa poitrine
  Aux balles d'un concitoyen ?

Là, sur la même place où trônait la Bastille,
Où, par un chaud rayon de beau soleil qui brille,
Naquit la Liberté sous le feu du canon,
La Liberté, depuis témoin de tant de crimes,
Toute tremblante encor des milliers de victimes
Qu'un peuple de bourreaux égorgeait en son nom.

Là, près du champ de meurtre où, victime propice,
S'élançant d'un pas ferme au sanglant sacrifice,
Le serviteur de Dieu bientôt allait s'offrir,
Où voulant mettre fin à cette horrible guerre,
Sous le plomb meurtrier d'un assassin vulgaire
  Tomba l'archevêque-martyr,

L'évangélique prêtre à la voix inspirée,
Qui prêchait la concorde à la foule égarée
En lui montrant le Christ qu'il tenait embrassé,
Et qui frappé de mort, dans sa longue agonie,
En implorant de Dieu la clémence infinie,
S'écriait : Que mon sang soit le dernier versé !

Comme lui, Négrier, tu voulus dans ses digues
Faire rentrer ce flot tumultueux de brigues
Qu'avec un mot de paix tu croyais désarmer :
Va, l'on ne parle pas à la mer en démence,
Elle n'écoute point, et dans son gouffre immense
    Engloutit qui veut la calmer.

Je te vis ce jour-là, ton visage était sombre,
Un air d'anxiété se peignait comme une ombre
Dans tes yeux, où les miens devinaient la douleur ;
Tu t'avançais frappé d'un funèbre présage,
Ou plutôt cette guerre intestine et sauvage
Attristait ton regard et torturait ton cœur.

SUR LA MORT DU GÉNÉRAL NÉGRIER.

Sur les quais dépeuplés tu passas en silence,
Suivi de tes soldats, jeunes, pleins de vaillance,
Dont plus d'un, comme toi, devait tomber au feu ;
Je te fis rendre alors le salut militaire,
Peut-être le dernier qui t'accueillit sur terre...
    Ce fut notre suprême adieu !

La Mort, dont le bras lourd atteint de préférence
Les meilleurs d'entre nous, t'avait marqué d'avance ;
Mais la nuit du trépas ne t'a point tout entier :
Parmi nous à jamais il reste ta mémoire,
La balle en te frappant a buriné ta gloire,
Et ta cendre repose à l'ombre du laurier.

Qui sait même ? en voyant tant de sombres nuages
Grossir et présager de désastreux orages,
Tant de gouffres profonds se creuser en tout lieu,
Si ceux qui de leur sang ont rougi la poussière,
Et qu'a mis au tombeau la lutte meurtrière,
    Ne sont pas les aimés de Dieu ?

Juin 1850.

XXXVIII

LA CAMPAGNE

> . . . . . Redeunt jam gramina campis,
> Arboribusque comæ :
>
> Hor. od. iii, lib. iv.

Viens, la campagne est verte et le printemps s'éveille,
Philomèle déjà fait résonner sa voix,
Viens entendre ses chants si doux à ton oreille,
Viens cueillir le lilas et la rose vermeille,
  Et respirer l'air pur des bois.

Viens, quittons ce Paris où l'on meurt de tristesse,
Où de noires vapeurs obscurcissent les cieux,
Où la gaîté se noie, où bourdonne sans cesse
Un essaim de frélons, où l'émeute et la presse
  Hurlent comme des chiens hargneux.

LA CAMPAGNE.

Loin, bien loin de la ville il est une retraite ;
Oui, je sais à l'écart un paisible séjour,
Un asile enchanteur où l'envie est muette,
Où l'amitié s'abrite, où la lyre ne jette
   Que des chants de paix et d'amour.

On n'entend à l'entour de ce riant cottage
Que l'onde murmurante à travers les roseaux,
Que le vent qui se plaint et froisse le feuillage,
Que le chant de la brise et sous le frais ombrage
   Que les doux accords des oiseaux.

Quelques troupeaux épars errent dans la prairie,
Et les moutons bêlants paissant au bord de l'eau,
Et les vaches dormant parmi l'herbe fleurie,
Et les chiens aux aguets veillant la bergerie
   Forment un rustique tableau.

C'est là qu'on est heureux, c'est là que sans secousse,
Sous un ciel calme et pur, on peut couler ses jours ;
Car la tâche est moins rude et la vie est plus douce

A parcourir ces bois pleins de fleurs et de mousse,
    Nids tout formés pour les amours.

Oh! s'en aller souvent errer par la campagne,
Par un jour de printemps, loin des hommes jaloux,
S'asseoir au fond des bois ou gravir la montagne
En soutenant les pas d'une chaste compagne
    Qui rie et qui pleure avec nous.

Oh! savourer à deux cette molle existence,
S'extasier devant des sites enchantés,
S'enivrer du parfum des fleurs, d'indépendance,
Suivre à deux un sentier que l'amour ensemence,
    Quelle source de voluptés!

Un sourire que fait naître notre sourire,
Une larme mêlée à nos larmes, un cœur
Qui soupire avec nous quand notre cœur soupire,
Une âme bien aimante où notre âme s'inspire,
    C'est tout le secret du bonheur.

Avril 1850.

XXXIX

LE LUXEMBOURG

EN 1848

I

Otez votre chapeau, c'est le peuple qui passe !
  Écoutez ces murmures sourds
Et ce bourdonnement qui frémit dans l'espace
  Et ces roulements de tambours.
Regardez par la rue ondoyer cette foule
  Aux costumes bariolés
Qui, pareille à des flots soulevés par la houle,
  Voit écumer ses rangs mêlés.
L'étendard à la main, des femmes en guenilles
  Sont en tête des bataillons ;

Ce sont des souverains suivis de leurs familles,
  La pourpre est changée en haillons.
Nous voici revenus aux jours du moyen âge
  Où chaque corporation
Aux fêtes des métiers que consacrait l'usage
  Se rendait en procession.
Ce flot tumultueux de peuple qui bourdonne
  A son enseignement en soi...
Place! place! passants, que ce spectacle étonne,
  Saluez, c'est le peuple-roi!

II

Où vont-ils? ô château qui domines la ville!
  O vieux palais de Médicis
Où les pairs du royaume, en un calme immobile,
  Hier encor étaient assis!
C'est là, sous ces lambris, dans cette antique enceinte,
  O sublime réformateur!
Qu'ils viennent s'enivrer de ta parole sainte
  Et te saluer, orateur!

LE LUXEMBOURG EN 1848.

Car il ne suffit pas à ta gloire précoce
>D'être Tacite ou peu s'en faut,

Et ton ambition a soif du sacerdoce
>Que l'orateur remplit d'en haut.

Par décret d'un seul coup abolis la misère ;
>Oui, grâce à ton verbe divin,

Nul fléau désormais n'affligera la terre
>Et l'eau sera changée en vin.

Allons, parlez, c'est bien ! parlez, faiseurs de phrase,
>Joignez à la voix l'action,

Au peuple émerveillé tracez avec emphase
>Vos plans d'organisation.

Réformez le travail, vous dont la main calleuse
>Jamais n'a manié l'outil,

Et qui suivez si bien votre œuvre hasardeuse,
>Qu'il fait souvent place au fusil ;

Continuez, usez votre esprit et vos peines
>A nous faire un autre univers,

Que nous voyions bientôt vos conférences pleines
>Et les ateliers tout déserts !

III

Pauvre peuple ! va donc à la voix des apôtres,
Va donc sur la foi des meneurs,
Versant toujours ton sang et tes sueurs pour d'autres,
Prends ton fusil, combats et meurs !
Meurs ! il le faut pour eux ; meurs, pour qu'au rang suprême
Qu'ils convoitaient avec amour,
Et contre qui leur bouche a lancé l'anathème,
Ils puissent s'asseoir à leur tour.
Qu'importe que les chiens roulent morts sur la grève
Sous un coup de dent meurtrier,
Pourvu que le chasseur puisse fouiller du glaive
Les entrailles du sanglier !
Qu'importe que sanglant sur nos funèbres dalles,
Peuple, tu tombes mitraillé,
On couvrira ton corps de palmes triomphales,
Ton nom sera glorifié,
Et les ambitieux qui t'ont de tes demeures
Rué sur le pavé glissant,

Grâce à toi jouiront au moins pour quelques heures
D'un pouvoir taché de ton sang !

IV

Ah ! qu'une voix sans peur, qu'une voix de poëte
Te crie enfin la vérité :
Le chemin que tu suis est plein d'écueils, arrête !
Arrête ! tu t'es trop hâté.
Assez courir ainsi sans atteindre le terme,
L'idée a besoin de vieillir ;
Laisse mûrir le fruit qui n'est encor que germe
Avant de le vouloir cueillir.
Le sais-tu ? ce n'est pas en jetant les couronnes
Parmi les immondicités,
Ce n'est pas en crachant sur le velours des trônes
Qu'on cimente ses libertés ;
Ce n'est pas en brisant les œuvres du génie,
En immolant quelques soldats,
Que l'on peut à jamais saper la tyrannie
Qui nous pèse encor ici-bas.

Avant de parvenir à toute sa croissance,
  Le chêne a vu bien des printemps,
Ainsi la liberté veut d'abord la prudence,
  Puis le travail et puis le temps.
Sois patient, crois-moi, laisse aboyer dans l'ombre
  Tous ces prêcheurs d'égalité
Qu'on voit courir, ainsi qu'un chien après son ombre,
  Après la popularité.

⁂ V ⁂

Travaille et tu vivras, car c'est la loi commune
  De vivre à la sueur du front ;
L'homme laborieux porte en soi sa fortune,
  Pour lui les récoltes se font ;
Pour lui l'astre du jour fait d'année en année
  Mûrir de plus riches moissons,
Au lieu de s'assombrir pour lui la destinée
  A de plus cléments horizons.
Quant aux bavards lettrés, aux chercheurs de fortune,
  Ces philanthropes sans égal

LE LUXEMBOURG EN 1848.

Qui te font, sans broncher, du haut de leur tribune,

 Un monde parfait, idéal,...

Ne te laisse plus prendre à leurs billevesées ;

 Fuis-les comme un sujet d'horreur,

Ou plutôt qu'ils te soient un objet de risées :

 Le mépris vaut mieux que la peur.

Depuis qu'ils ont juré de refaire le monde,

 Quel bien le sol t'a-t-il produit ?

O peuple! c'est ton bras, ton sang qui le féconde,

 Ce sont eux qui mangent le fruit.

Ne les écoute plus,... et dans ta conscience

 Drapé comme dans un manteau,

Courbé sous ton labeur, suis ton œuvre en silence

 Avec la bêche ou le marteau.

Abrite de respect les lois de ta patrie

 Protectrices de ton foyer,

Et sache, pour garder ta liberté chérie,

 Que l'ordre en est le bouclier.

1848.

XL

LE NID

Je sais, non loin d'un clair ruisseau,
    Près d'un bois plein d'ombrage,
A moitié chemin du coteau,
    Je sais un frais cottage.
Au milieu des oiseaux chantants,
    Loin du bruit, de la fange,
C'est là que vient chaque printemps
    Se reposer un ange.

Passez, passez, rêves déçus
    Qui berciez ma jeunesse,

Passez, pour moi vous n'êtes plus
  Qu'un sujet de tristesse ;
Sainte ivresse, bonheurs si courts,
  Où donc est votre extase ?
Ah ! la coupe de mes beaux jours
  N'a plus que de la vase !

Séduisantes illusions
  Fuyant l'une après l'une,
Doux objets de nos visions,
  Gloire, avenir, fortune,
Ambition, poison subtil
  Qui dévore toute âme,
Ah ! dites-moi, cela vaut-il
  Un sourire de femme ?

Un sourire de la beauté
  Qu'aucune ne surpasse,
Dont le front charmant est doté,
  Doté de tant de grâce,
Qui, dans cette fraîche oasis,

Vis, douce et solitaire,
Aussi blanche que les beaux lis
Qui peuplent son parterre.

Que longtemps, l'étranger voyant
Tant de charmes en elle,
Son front serein, son œil brillant,
S'écrie : Oh ! qu'elle est belle !
Que le mendiant du chemin
Recevant son aumône,
L'aumône de sa blanche main,
Dise : Comme elle est bonne !

Qu'à son foyer viennent s'asseoir
La paix et l'espérance,
Et que son âme, pur miroir,
Ignore la souffrance ;
Que jamais son œil attristé
N'ait de sujets moroses,
Que son cœur soit plein de gaîté
Et son jardin de roses.

LE NID.

Que pour charmer l'écho des bois
    Qui bordent sa demeure,
L'oiseau de sa plus douce voix
    Chante, chante à toute heure.
Et surtout que jamais, jamais
    L'oiseau des nuits ne mêle
Son cri sinistre et sans attraits
    Aux chants de Philomèle.

Que les vents n'aient pas de fureur
    Pour ce nid de colombe,
Et pour lui garder sa fraîcheur
    Que la rosée y tombe;
Que le bonheur et que l'amour
    Y résident sans cesse,
Et que de ce riant séjour
    Dieu protége l'hôtesse.

Que toujours la loi du destin
    Lui soit propice et douce,
Que le nid soit chaque matin

Plein de fleurs et de mousse.
Petits amours que Dieu bénit,
Veillez, veillez sur elle,
Pour que rien ne souille son nid
Couvrez-le de votre aile.

XLI

LA MUSE POPULAIRE

A M. Pierre Dupont.

Ne te plains pas, ami, la muse avec faveur
A sous les bois épais suivi ton pas rêveur ;
Elle chante avec toi ; c'est elle qui t'inspire
Les naïves chansons que ton âme soupire ;
D'un rayon de génie elle a doré ton front,
Et promet l'avenir à tes chants qui naîtront.
Tes lèvres dans sa coupe ont goûté l'ambroisie,
Elle a versé sur toi des flots de poésie,
Et jamais amoureux de sa chaste beauté
N'a surpris mieux que toi son sourire enchanté.
Tes vers ont un parfum de rose printanière,
L'éclat de la tulipe et la fraîcheur du lierre ;

Ils sont nés sans effort aux rayons du soleil ;
Tes champêtres concerts ont un charme pareil
Aux torrents de musique harmonieuse et pure
Qu'à la fin d'un beau jour le rossignol murmure.
Ah ! comment se fait-il qu'au milieu de ces chants
Aux paisibles refrains, si naïfs et touchants,
Où l'ange des amours soupire avec mystère,
On entende parfois comme un bruit de tonnerre,
Comme un appel, du peuple excitant les transports,
Une chanson de guerre aux belliqueux accords ?
Eh ! pourquoi sourdement, de colère saisie,
Faire gronder ta fraîche et jeune poésie ?
La discorde pour elle est un objet d'horreur.
Laisse à d'autres le soin d'attiser la fureur
De ceux qui, sur la foi de quelque faux prophète,
Sans savoir ce qu'ils font, courent jouer leur tête,
Et qui, s'applaudissant d'avoir tout renversé,
Ne profitent jamais du sang qu'ils ont versé.

Mais nous, à qui la muse a bien voulu sourire,
Ne chantons que la paix, ne tirons de la lyre

LA MUSE POPULAIRE.

Que des sons dont au loin l'écho, doux comme miel,
De la discorde impie adoucisse le fiel.
Va ! la muse frémit du tumulte des armes !
Que ton luth ne soit pas le clairon des alarmes.
La gloire est moins facile, et meilleure à porter,
D'apaiser les esprits que de les irriter.
Oh ! la muse du peuple à la voix ingénue,
Au sourire effronté, qui, belle et demi-nue,
Ses pipeaux à la main, célèbre dans ses chants
La paix de la chaumière et le travail des champs,
Les oiseaux printaniers gazouillant sur la branche,
Les fêtes au hameau, les danses du dimanche,
N'a jamais agité, dans un refrain haineux,
Le fouet de Némésis aux satiriques nœuds.
Sa franche bonhomie et son humeur légère
Ne s'accommodent pas du rôle de Mégère,
Il faut pour l'inspirer à sa naïve voix,
Le calme du foyer et l'ombre des grands bois.

Toi, qui décris si bien les grands bœufs dans l'étable,
Les laboureurs buvant les coudes sur la table,

Et la fillette accorte au frais et doux minois,
La vigne aux fruits dorés et la fraise des bois,
Les taureaux mugissants, la vache nourricière,
Le vieux chien du berger, l'hôtesse hospitalière,
La ronde sur le pré dans le rustique enclos,
Pourquoi donc, maître habile à ces riants tableaux,
Changer ainsi de ton ? Pourquoi donc, ô poëte,
De funèbres couleurs assombrir ta palette ?
Aux cris tumultueux de tribuns aux abois,
Harmonieux chanteur, pourquoi mêler ta voix ?
O muse au front serein, pourquoi, dans cette fange
Où gisent les partis, souiller tes ailes d'ange ?

Ne vaudrait-il pas mieux, au lieu de l'embrunir,
D'un rayon d'espérance éclairer l'avenir ?
Ami, si tu voulais, dans tes rimes légères
Tu pourrais conjurer les haines populaires ;
Ta voix pénétrerait les champs et l'atelier :
Et le bon paysan et le brave ouvrier
Tressailleraient de joie en entendant la corde
Mélodieuse et sainte où vibre la concorde.

Que ta devise soit : Conciliation !
Certes, c'est une noble et haute mission,
De veiller au salut de la chose publique
Et de polir les mœurs comme la muse antique.
Lorsqu'Orphée exhalait sa douleur en concerts,
Les rochers soulevés s'ébranlaient dans les airs,
Les arbres en cadence agitaient leurs feuillages,
Et du fond des forêts les animaux sauvages,
Tout à coup adoucis par ses accords touchants,
Accouraient près de lui s'enivrer à ses chants.
Poëte, que ton luth soit la lyre d'Orphée.
Tu verrais à ta voix la discorde étouffée,
S'enfuir toute honteuse et quitter nos cités ;
Au charme de tes vers, les peuples transportés
Éteindraient leurs ferments de haine et de colère ;
Et pure dans tes bras, la muse populaire,
Fière de tes baisers, ceindrait ton front vainqueur
Du chêne verdoyant et du laurier en fleur.

Juin 1851.

XLII

SUR UNE LARME

Une larme tremblait au bord de sa paupière :
J'essayais, en plaignant sa destinée amère,
De consoler un peu ce beau lis éploré,
Cette âme où le chagrin était si vite entré.
La goutte de cristal, comme une larme blanche
Qu'après la pluie on voit briller sur une branche,
Puis tomber et mouiller la pierre du chemin,
Se détacha de l'œil et glissa sur ma main.
Oh ! dis, que ressentait celle qui t'a versée ?
Sous quel poids sa poitrine était-elle oppressée ?
Était-ce amour trahi, douloureux souvenir,
Vagues pressentiments, craintes pour l'avenir,
Bonheurs évanouis, espérance déçue,
Qui te firent couler, perle que j'ai reçue ?

SUR UNE LARME.

O pêcheur de Ceylan, triste jouet du sort,

Toi qui, pauvre manœuvre, au risque de la mort,

Cherches patiemment, pour enrichir le monde,

Les trésors enfouis dans le gouffre de l'onde,

Au fond des flots amers tu plongeras en vain

Pour trouver un joyau plus rare et plus divin,

Une perle aussi fine, aussi délicieuse,

Que cette goutte d'eau, larme mystérieuse,

Qui, baume débordant d'un calice d'amour,

De deux beaux yeux en pleurs s'est échappée un jour.

Une larme de femme est la douce rosée

Dont aux jours de souffrance une âme est arrosée.

O perles, ô rubis, ô bijoux enviés,

Si rares, si brillants, si beaux que vous soyez,

Un peu d'or vous achète, et vous faites cortége

Pour relever encor l'éclat d'un sein de neige,

L'ébène des cheveux et l'ivoire des bras,...

Mais toi, larme divine, on ne t'achète pas.

2 mai 1851.

XLIII

FINIS POESIS

A mon ami Édouard du T...

Comme j'errais hier pensif par la campagne,
Poursuivant une idée et tâchant d'arrêter
Dans son vol cet oiseau prompt à nous dépister,
Ainsi que le chasseur que l'espoir accompagne
Et qui bat le vallon, la plaine et la montagne
Pour atteindre une proie habile à l'éviter,
Comme je cheminais avec mes rêveries
Le long d'un bois touffu, savourant lentement
L'air pur que j'aspirais avec ravissement,
Tout étonné de voir tant de roses fleuries,
De perles émaillant le velours des prairies,

Tant de joie et d'azur et de rayonnement ;

Tandis que là, tout près, des nuages sans nombre

Jetaient l'obscurité sur nos cœurs et le ciel,

Et que tant d'amertume altérait notre miel,

Que nos fleurs de printemps s'étiolaient à l'ombre ;

Tandis que, dans Paris, tout était morne et sombre,

Et que notre ambroisie était changée en fiel,

Tout à coup près de moi, dans un champ de verdure,

Harmonieux contraste avec l'azur des cieux,

Un spectacle à la fois horrible et curieux,

Une pauvre petite et frêle créature

Qu'un oiseau carnassier immolait en pâture,

Drame plein de terreur, s'accomplit sous mes yeux.

Une folle alouette, abandonnant ses ailes

Aux caprices du vent qui s'engouffrait dans elles

En montant vers les cieux, saluait de son chant

Les rayons empourprés d'un beau soleil couchant ;

Aux accents de bonheur dont sa voix semblait ivre,

On sentait qu'elle était bienheureuse de vivre ;

Quand soudain un vautour, qui se berçait dans l'air,

La voit, plane un instant, et prompt comme l'éclair,
Avant qu'elle ait pu fuir, fond sur elle et l'emporte.
Je voulus la sauver, elle était déjà morte,
Déjà l'oiseau cruel de ses ongles sanglants
Rompait ces membres chauds encore et palpitants.

Cette alouette, ami, douce et facile proie,
Qu'à mes yeux attristés, avec des cris de joie,
Parmi le trèfle en fleurs, sur la fin d'un beau jour,
Le rossignol chantant, déchirait le vautour,
N'est-ce pas le portrait de notre poésie ?
Elle aussi, maintenant d'épouvante saisie,
Malgré ce chaud été, malgré le beau soleil
Qui darde ses rayons et l'invite au réveil,
Par l'oiseleur cruel sans cesse harcelée
Aux yeux qu'elle charmait se cache désolée.
De ses meilleurs amis elle porte le deuil ;
Tout ce qui fit jadis sa joie et son orgueil
A couvert de dédain sa jeunesse éternelle,
Et chaque jour arrache une plume à son aile.
Il est donc vrai, grand Dieu, que le doute est partout,

FINIS POESIS.

Que l'ennui, poison lent, pénètre et mine tout,

Que l'univers entier touche à sa décadence,

Que le chaos sur nous ouvre son aile immense,

Et que cette clarté tremblante qui reluit

N'est qu'un dernier rayon qui précède la nuit.

Ah! pourtant la nature est toujours aussi belle,

Dieu, comme au temps passé, se manifeste en elle,

L'aurore est aussi fraîche et le jour aussi pur,

Le ciel n'a pas encor perdu son bleu d'azur,

L'amour et le parfum, les femmes et les roses,

Tous ces objets divins, toutes ces belles choses

Qu'en un jour de pitié nous ont légués les cieux

Pour le plaisir de l'âme et le plaisir des yeux,

La fleur qui purifie et l'astre qui rayonne,

Ceignent encor nos fronts de leur double couronne.

La beauté ne meurt pas ; et je sais parmi nous

Plus d'une pâle Laure aux yeux tendres et doux,

Au sein blanc comme neige, à la voix enchantée,

Aux lèvres de corail, que Pétrarque eût chantée.

Mais ce siècle est mauvais et ce monde est trop vieux.

Nos lèvres ont goûté d'un lait pernicieux,

Notre cœur aujourd'hui n'est qu'un foyer sans flamme,
Et la belle espérance a déserté notre âme.
Pour nos sens émoussés, pour notre œil attristé,
La rose est sans parfum, la femme sans beauté.
Le sarcasme se mêle à la plus pure ivresse,
Nous n'avons plus d'amour, plus de foi, de jeunesse,
Ah! la machine humaine est sens dessus dessous,
Et vraiment les vieillards sont plus jeunes que nous.

Où sont-ils, où sont-ils les jours du moyen âge
Où, pareil à l'éclair dans une nuit d'orage,
Dans ce vaste océan de révolutions,
Le génie émouvait encor les nations?
Où, parmi les horreurs de la guerre civile,
Le grand gibelin Dante, errant de ville en ville,
Célébrait Béatrix dans sa *vita nuova*,
Béatrix, seul amour que son âme rêva;
Où le barde, banni de sa chère Florence,
Dans son triple poëme, écho de sa souffrance,
Cantique saint, semé de vers flagellateurs,
Éternisait les noms de ses persécuteurs;

Où Boccace expliquait comme un livre suprême
En chaire les versets de ce divin poëme ;
Grande époque où le sang, les haines, les combats
Enflammaient le génie et ne l'étouffaient pas !
Où sont-ils ces beaux jours où le chant des poëtes
Retentissait plus haut que le bruit des tempêtes,
Que le cri des partis, des tribuns aux abois
Qui, dans nos jours de deuil, couvrent tout de leur voix ?
Où de son riche écrin, pour enchanter le monde,
Léonard de Vinci laissait tomber Joconde ;
Où, sous un Médicis, l'éternelle cité,
Rome, rajeunissait son immortalité,
Où le monde étonné s'inclinait devant elle,
Et sur son front doré d'une gloire nouvelle,
Comme au siècle éclatant du second des Césars,
Voyait étinceler les lettres et les arts ;
Où saint Pierre sortait des mains de Michel-Ange,
Où Raphaël Sanzio nous représentait l'ange,
L'ange envoyé de Dieu, céleste protecteur
Armé du glaive d'or, l'ange exterminateur
Terrassant le démon, ce damné gigantesque,

Séducteur éternel sous sa forme grotesque ;
Où les arts rayonnaient autour de Richelieu ;
Où Paul Rubens trempait ses pinceaux dans le feu ;
Où Malherbe chantait ; où, comme une merveille,
Un peuple saluait les vers du grand Corneille ;
Où Molière et Tartufe, effroi des faux dévots,
Immolaient sans pitié les méchants et les sots ;
Où les plus doux accords de la harpe divine
Frémissaient sous tes doigts, harmonieux Racine ?

Nous avons, nous aussi, des révolutions
Toutes pleines de sang et de convulsions,
De furieux tribuns, des trombes populaires
Et des proscrits errant aux rives étrangères,
Des nuages épais assombrissant les airs,
Des ouragans sans fin, mais où sont les éclairs ?
La richesse des cœurs est tarie à sa source.
Le génie aujourd'hui pâlit devant la Bourse ;
Et vraiment, je le dis en baissant bien la voix,
C'est presque à regretter la France d'autrefois.
Nous n'avions pas alors de libertés publiques ;

De rhéteurs poursuivant des rêves chimériques ;

De Sénèques traitant dans un château doré,

Non loin d'un frais ruisseau, sous un ciel azuré,

Parmi des fleurs sans nombre et de touffus ombrages,

Des misères du peuple à travers tous les âges ;

De romanciers cherchant pour émouvoir les cœurs

Des héros dans le bagne, assassins et voleurs,

Et stéréotypant, ô l'œuvre salutaire !

Leurs mœurs et leur argot qu'ils ont rendu vulgaire...

Mais ce mercantilisme ignoble, déhonté,

Ne s'était pas encore acquis droit de cité,

Et railleuse et polie, élégante et légère,

La France étincelait du rire de Voltaire.

On ne s'inclinait pas seulement devant l'or,

L'artiste et le poëte avaient leur prix encor,

A leur intimité les rois daignaient prétendre,

Et les petits abbés valaient bien, à tout prendre,

Nos quarts d'agent de change et nos commis banquiers,

Des roués d'autrefois indignes héritiers.

L'esprit était alors compté pour quelque chose ;

On pardonne à l'épine en faveur de la rose.

Un peuple tout entier, ô muse ! t'adorait...
Oui, ce monde était jeune alors,... il espérait.
Bientôt, pour lui frayer des routes éternelles,
Pour le régénérer en des sources nouvelles,
La révolution ouvrait ses ailes d'or,
Radieuse d'espoir, pure de crime encor.
Mais aujourd'hui, grand Dieu ! tout jusqu'à l'espérance,
Tout s'en vient échouer contre l'indifférence,
Tout,... excepté l'argent dont le culte est resté
Plus grossier, plus honteux qu'il n'a jamais été.
Et malgré les égards et l'ardeur infinie
Dont notre temps fait montre à l'endroit du génie,
Le Tasse, sans argent, dans ce siècle fatal,
Serait allé mourir très-bien à l'hôpital.
Un poëte !... fi donc ! c'est un être inutile
Bon au plus à rimer quelque chanson futile,
Si bien qu'on en a fait un objet de pitié ;
Et d'un homme incapable, ennuyeux, ennuyé,
D'un intrigant, d'un gueux n'ayant ni cœur ni tête,
D'un brouillon, ô pudeur ! on dit : c'est un poëte !
L'Éden, où fleurissaient les cœurs, est tout désert.

FINIS POESIS.

Nous avons, comme au temps de ce pauvre Gilbert,
Nous avons des beautés impudiques et fières
Étalant en public leurs grâces mercenaires :
Mais si leurs yeux charmants ont un reflet du ciel,
L'enfer est dans leur cœur, tout est matériel ;
C'est Dioné qui bat monnaie avec ses charmes ;
Pas un pauvre soupir, un remords, pas de larmes
Tombant comme un parfum dans leur cœur empesté
Pour embaumer d'amour leur immoralité.
Où sont les jours bénis où parmi vos ivresses
Étincelaient en vous d'ineffables tendresses,
Où sont les doux aveux sur vos lèvres éclos,
O Marion Delorme ! ô Ninon de Lenclos !
Votre ciel nuançait de rayons d'or sa brume,
Et comme un feu sacré dont la flamme parfume,
Dans votre âme parfois l'amour entrait vainqueur,
Et vous aviez un peu de poésie au cœur.
Mais aujourd'hui plus rien, tout penche, tout décline ;
Le soleil des beaux jours vers le couchant s'incline ;
Et comment s'étonner quand, désertant les cieux,
Le poëte lui-même a renié ses dieux ?

Ah! parmi les grands noms dont la France s'honore,
Au talent vieux déjà de gloire et jeune encore,
De ces poëtes saints dont le front radieux
Brille comme un soleil, combien des plus fameux
Ont oublié la muse autrefois bien-aimée,
La muse qui dora leur front de renommée,
Et dédaignant ses fleurs, ses fruits et ses parfums,
S'affublent aujourd'hui du rôle de tribuns.
L'un, Gracchus incompris, épouse avec colère
Les plus sombres transports du parti populaire,
Des dards les plus aigus hérisse ses discours,
Comme pour expier ses premières amours;
Et pareil à l'amant qui, lorsque sa tendresse
Est remontée au ciel, dénigre sa maîtresse
Et met le deuil aux yeux dont son cœur fut charmé,
Il déchire aujourd'hui ce qu'il a tant aimé.
L'autre t'a diffamée, ô pauvre poésie,
Toi qui l'as tant jadis abreuvé d'ambroisie;
Pour récompense il t'a, dans un coin de journal,
Clouée au pilori d'un feuilleton banal.
Il s'est lui-même fait l'assassin de la muse.

FINIS POESIS.

O poëte imprudent que trop d'orgueil abuse,
Roi puissant de la lyre, ô poëte enchanteur,
Dont le nom brillera d'un éternel honneur
Pour avoir conjuré la foudre aux jours sinistres,
Foudroyants orateurs, hommes d'État, ministres,
Qui, les dés à la main, sur un tapis brûlant,
La France pour enjeu, jouez à rouge ou blanc;
Qui pour guérir nos maux avez des spécifiques
Infaillibles et prompts, comme des empiriques,
Grands hommes, esprits forts, gens à cerveau profond,
Ouvrez donc votre cœur, afin qu'on voie au fond
Si l'amour du pays tout seul vous persuade,
Et si les beaux transports dont vous faites parade
N'attisent pas le feu d'étroites passions
A ce souffle brûlant des révolutions.

Par ces temps incertains, hélas! ami, que faire?
Le meilleur est, je crois, d'attendre et de se taire.
Peut-être, berçons-nous de ce riant espoir,
Un jour plus pur luira sur cet horizon noir;
Mais à l'heure présente, heure triste, les âmes

Sont pleines de dégoûts, les cœurs n'ont plus de flammes,

Toute illusion meurt, les accents les plus doux,

Les plus divins concerts, n'ont plus d'écho chez nous.

Il faut pour émouvoir, non le chant des poëtes,

Mais l'éclat de la foudre et le bruit des tempêtes,

Et ce monde est si vieux, si malade et si las,

Qu'Homère chanterait, on n'écouterait pas.

Août 1851.

NOTES

1

(PAGE 119.)

FRATERNITÉ.

Le 15 mai 1848 les délégués de la garde nationale du département de l'Eure se trouvaient dans le jardin du Palais-Royal au moment où l'on battait le rappel. Ils demandèrent à être incorporés dans les rangs de la compagnie du Palais, dont l'auteur de ce chant avait l'honneur de faire partie, et marchèrent avec nous sur l'Assemblée constituante au pouvoir des factieux.

Douze jours après, la ville d'Évreux nous conviait à une fête vraiment fraternelle, et de ma vie je n'oublierai avec quel empressement et quelle cordialité nous fûmes reçus par ses habitants. Nous leur apportions en échange de ce bon accueil une bannière qui restera comme un gage précieux de concorde et d'union entre nous. Quant à moi, j'ai payé ma dette par ce chant improvisé que les journaux d'Évreux à cette époque ont inséré dans leurs colonnes. Je saisis ici l'occasion de leur témoigner mes remerciements pour la bienveillante hospitalité qu'ils ont accordée à mes vers.

2

(PAGE 260.)

SUR LA MORT DU GÉNÉRAL NÉGRIER.

Le jour de cette mort à jamais regrettable je commandais un faible détachement de garde nationale chargé de garder la tête du pont des Saints-Pères faisant face au guichet du Carrousel. Il était à peu près quatre heures quand le général, suivi de deux bataillons de ligne, passa devant nous, se rendant à la place de la Bastille. Le tambour battit aux champs et je fis présenter les armes, dernier salut rendu à l'héroïque soldat de Constantine. Une heure à peine s'était écoulée qu'une estafette au grand galop nous jetait, en courant porter la nouvelle à l'Assemblée, ces mots funèbres : « Le général Négrier est tué. »

TABLE

		Pages.
	Préface.....................................	7
I.	Le Départ.................................	23
II.	Le Pèlerinage de la vie....................	34
III.	Le Livre de ma vie,........................	52
IV.	Femmes et Fleurs..........................	53
V.	Ariane.....................................	58
VI.	Adieu......................................	61
VII.	Écrit le lendemain d'un bal à l'hôtel Lambert......	63
VIII.	Que j'aime au fond des bois...............	68
IX.	A une jeune fille...........................	70
X.	La Liberté..................................	75
XI.	Chanson...................................	89
XII.	Invitation au retour........................	91
XIII.	Stances....................................	95
XIV.	Fragment..................................	98
XV.	A une jeune Anglaise......................	105
XVI.	Sais-tu, mon ange.........................	107
XVII.	Comment l'Homme s'amuse................	110
XVIII.	A Béranger................................	115
XIX.	Fraternité..................................	119

XX.	Après une lecture de Gabrielle..................	125
XXI.	Vers sur la première page d'un album............	138
XXII.	A une Pécheresse	139
XXIII.	Tristesse.......................................	146
XXIV.	L'Avenir.......................................	149
XXV.	Réponse à une accusation d'athéisme	160
XXVI.	Regrets..	163
XXVII.	La Courtisane	170
XXVIII.	Le Bonheur....................................	184
XXIX.	Le Doute......................................	188
XXX.	La Tour.......................................	205
XXXI.	La jeune Mère.................................	213
XXXII.	A une Dame....................................	221
XXXIII.	Désir...	226
XXXIV.	Crépuscule....................................	234
XXXV.	Au roi Louis-Philippe..........................	240
XXXVI.	La Chute......................................	253
XXXVII.	Sur la mort du général Négrier.................	260
XXXVIII.	La Campagne...................................	268
XXXIX.	Le Luxembourg en 1848.........................	271
XL.	Le Nid..	278
XLI.	La Muse populaire.............................	283
XLII.	Sur une Larme.................................	288
XLIII.	*Finis poesis*.................................	290
	Notes...	303

FIN DE LA TABLE.

OUVRAGES EN VENTE CHEZ GARNIER FRÈRES

A 3 FR. 50 CENT. LE VOLUME.

a divine Épopée, par A. Soumet, 1 v.	3 50
ettres sur la *Hollande*, par X. Marmier, 1 vol.	3 50
ettres sur l'*Islande*, par le même, 1 vol.	3 50
ssian, trad. par Lacaussade, 1 vol.	3 50
e Livre des *affligés*, par Bargemont, 2 vol. à	3 50
es derniers *Bretons*, par Émile Sauvestre, 1 vol.	2 50
orrespondance de Jacquemont, 2 vol. à	3 50
oyages de *Gulliver*, 1 vol.	3 50
émoires et corresp. de Diderot, 2 vol. à	3 50
ducation progressive, par Mme Necker, 2 vol. à	3 50
oyage en *Bulgarie*, par Blanqui, 1 v.	3 50
ettres de Mme de *Sévigné*, 6 vol. à	3 50
ies des *Dames galantes*, par Brantôme, 1 vol.	3 50
émoires de Casanova de Seingalt, 4 vol. à	3 50
ropos de table de Martin Luther, 1 vol. in-12	3 50
ontes de *Boccace*, traduits par Sabatier, 1 vol.	3 50
Œuvres de *Hoffmann*, 2 séries à	3 50
ygiène des *Femmes nerveuses*, 1 v.	3 50
hysiologie du *magnétisme*, 1 vol.	3 50
omans, Contes et Voyages, par Arsène Houssaye, 2 vol. à	3 50

Œuvres de Töpffer.

osa et Gertrude, 1 vol.	3 50
éflexions et menus propos d'un peintre genevois, 2 vol. à	3 50

Œuvres de Georges Sand.

Indiana, 1 v. — Jacques, 1 v. — Valen... 1 v. — Le Secrétaire intime, Léone... oni, 1 v. — André, la Marquise, Métella,... inia, Mattea, 1 v. — Lélia, Spiridion,... v. — La dernière Aldini, les Maîtres... saïstes, 1 v. — Lettres d'un Voyageur,... v. — Simon l'Uscoque, 1 v. — Mauprat,... — Le Compagnon du Tour de France,... v. — Pauline, les Majorcains, 1 v. —... s sept Cordes de la Lyre, Gabriel, 1 v. Mélanges, 1 v. — Horace, 1 v.

Auteurs grecs traduits en français.

ateurs grecs, 1 vol.	3 50
uvres morales de Plutarque, 6 v. à	3 50
is de Platon, 1 vol.	3 50

A 1 FR. 75 CENT. LE VOLUME.

Mémoires de Saint-Simon, 40 vol. 38 portraits, à	1 7
Souvenirs de la marquise de *Créqui*, 10 vol. à	1 7
Historiettes de Tallemant des Réaux, 10 vol. à	1 7
Mémorial de Sainte-Hélène, 9 vol. 9 grav. à	1 7
Congrès de Vérone, 2 vol. à	1 7
Lettres sur le *Nord*, par X. Marmier, 2 vol. à	1 7
L'*Ame exilée*, par Anna-Marie, 1 vol.	1 7
Œuvres de Gilbert, notice par Nodier, 1 vol.	1 7
Œuvres de Ronsard, 1 vol.	1 7
Fables littéraires, par D. T. de Iriâte, 1 vol.	1 7
L'Ane mort et la Femme guillotinée, par J. Janin, 1 vol.	1 7
Edith de Falsen, par E. Legouvé, 1 vol.	1 7
Le Chevalier de Saint-Georges, 4 v. à	1 7
Fragoletta, par H. de Latouche, 2 v. à	1 7
Le Maçon, par M. Raymond, 2 vol. à	1 7
Fortunio, par Théophile Gautier, 1 v.	1 7
Le Moine, par G. Lewis, 2 vol. à	1 7
Lettres d'Héloïse et d'Abeilard, 1 v.	1 7
Le Gladiateur, le Chêne du roi, 1 v.	1 7

Classiques latins.

Virgile. Œuvres, 2 vol. à	3 5
Horace; traduction nouvelle, par M. Ferdinand Collet, 1 vol.	3 5
Perse; trad. par M. Ferd. Collet. — Juvénal; trad. de Dusaulx, 1 vol.	3 5
Plaute; son *Théâtre*; traduct. de M. Naudet, 4 vol. à	3 5
Térence; ses *Comédies*; traduit par M. Ferd. Collet, 1 vol.	3 5
Lucrèce; trad. de M. de Pongerville, de l'Académie française, 1 vol.	3 50
Catulle. — Tibulle; trad. de Mirabeau. — Properce; traduct. de Delongchamps, 1 fort vol.	3 50
Pline. *Morceaux extraits de Pline*; trad. de Gueroult, 1 vol.	3 50
Tacite; trad. de Dureau de Lamalle, revue, et augmentée de la vie de Tacite par La Bletterie, des suppléments de Brotier, par M. Ferdinand Collet, 3 vol. à	3 50

OUVRAGES EN VENTE CHEZ GARNIER FRÈRES

A 3 FR. 50 CENT. LE VOLUME.

a divine Épopée, par A. Soumet, 1 v.	3 50
ettres sur la Hollande, par X. Marmier, 1 vol.	3 50
ettres sur l'Islande, par le même, 1 vol.	3 50
ssian, trad. par Lacaussade, 1 vol.	3 50
e Livre des affligés, par Bargemont, 2 vol. à	3 50
es derniers Bretons, par Émile Souvestre, 1 vol.	3 50
orrespondance de Jacquemont, 2 vol. à	3 50
oyages de Gulliver, 1 vol.	3 50
lémoires et corresp. de Diderot, 2 vol. à	3 50
ducation progressive, par Mme Necker, 2 vol. à	3 50
oyage en Bulgarie, par Blanqui, 1 v.	3 50
ettres de Mme de Sévigné, 6 vol. à	3 50
ies des Dames galantes, par Brantôme, 1 vol.	3 50
lémoires de Casanova de Seingalt, 4 vol. à	3 50
ropos de table de Martin Luther, 1 vol. in-12	3 50
ontes de Boccace, traduits par Sabatier, 1 vol.	3 50
Œuvres de Hoffmann, 2 séries à	3 50
ygiène des Femmes nerveuses, 1 v.	3 50
hysiologie du magnétisme, 1 vol.	3 50
omans, Contes et Voyages, par Arsène Houssaye, 2 vol. à	3 50

Œuvres de Töpffer.

osa et Gertrude, 1 vol.	3 50
éflexions et menus propos d'un peintre genevois, 2 vol. à	3 50

Œuvres de Georges Sand.

Indiana, 1 v. — Jacques, 1 v. — Valentie, 1 v. — Le Secrétaire intime, Léone oni, 1 v. — André, la Marquise, Métella, rvinia, Mattea, 1 v. — Lélia, Spiridion, v. — La dernière Aldini, les Maîtres saïstes, 1 v. — Lettres d'un Voyageur, v. — Simon l'Uscoque, 1 v. — Mauprat, . — Le Compagnon du Tour de France, v. — Pauline, les Majorcains, 1 v. — s sept Cordes de la Lyre, Gabriel, 1 v. Mélanges, 1 v. — Horace, 1 v.

Auteurs grecs traduits en français.

ateurs grecs, 1 vol.	3 50
uvres morales de Plutarque, 6 v. à	3 50
is de Platon, 1 vol.	3 50

A 1 FR. 75 CENT. LE VOLUME.

Mémoires de Saint-Simon, 40 vol. 38 portraits, à	1 75
Souvenirs de la marquise de Créqui, 10 vol. à	1 75
Historiettes de Tallemant des Réaux, 10 vol. à	1 75
Mémorial de Sainte-Hélène, 9 vol. 9 grav. à	1 75
Congrès de Vérone, 2 vol. à	1 75
Lettres sur le Nord, par X. Marmier, 2 vol. à	1 75
L'Ame exilée, par Anna-Marie, 1 vol.	1 75
Œuvres de Gilbert, notice par Nodier, 1 vol.	1 75
Œuvres de Ronsard, 1 vol.	1 75
Fables littéraires, par D. T. de Iriate, 1 vol.	1 75
L'Ane mort et la Femme guillotinée, par J. Janin, 1 vol.	1 75
Edith de Falsen, par E. Legouvé, 1 vol.	1 75
Le Chevalier de Saint-Georges, 4 v. à	1 75
Fragoletta, par H. de Latouche, 2 v. à	1 75
Le Maçon, par M. Raymond, 2 vol. à	1 75
Fortunio, par Théophile Gautier, 1 v.	1 75
Le Moine, par G. Lewis, 2 vol. à	1 75
Lettres d'Héloïse et d'Abeilard, 1 v.	1 75
Le Gladiateur, le Chêne du roi, 1 v.	1 75

Classiques latins.

Virgile. Œuvres, 2 vol. à	3 5
Horace; traduction nouvelle, par M. Ferdinand Collet, 1 vol.	3 5
Perse; trad. par M. Ferd. Collet. — Juvénal; trad. de Dusaulx, 1 vol.	3 5
Plaute; son Théâtre; traduct. de M. Naudet, 4 vol. à	3 5
Térence; ses Comédies; traduit par M. Ferd. Collet, 1 vol.	3 5
Lucrèce; trad. de M. de Pongerville, de l'Académie française, 1 vol.	3 50
Catulle. — Tibulle; trad. de Mirabeau. — Properce; traduct. de Delongchamps, 1 fort vol.	3 50
Pline. Morceaux extraits de Pline; trad. de Gueroult, 1 vol.	3 50
Tacite; trad. de Dureau de Lamalle, revue, et augmentée de la vie de Tacite par La Bletterie, des suppléments de Brotier, par M. Ferdinand Collet, 3 vol. à	3 50

www.ingramcontent.com/pod-product-compliance
Lightning Source LLC
Chambersburg PA
CBHW071316150426
43191CB00007B/642